EU SOU HIPER-SENSÍVEL?

FABRICE MIDAL

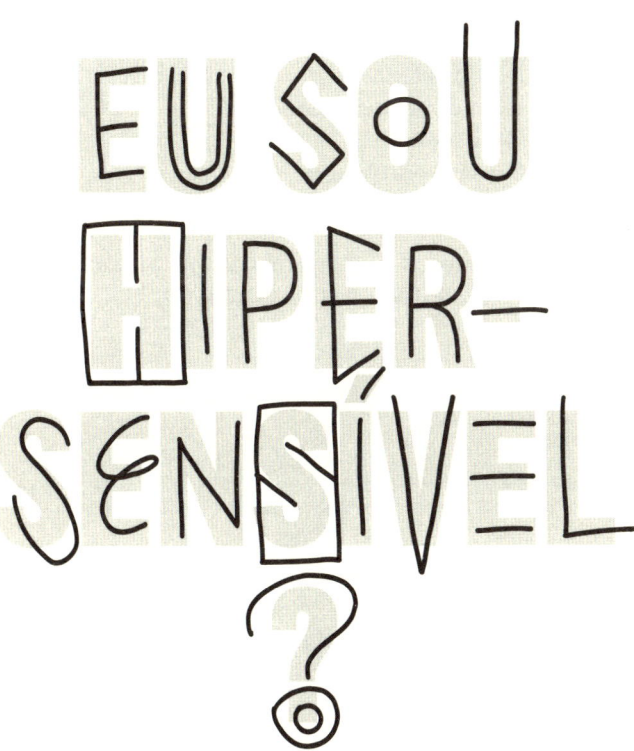
EU SOU HIPER-SENSÍVEL?

DESCUBRA COMO APROVEITAR ESSE SUPERPODER DESCONHECIDO

Tradução Andréia Manfrin Alves

academia

Copyright © Fabrice Midal, 2021
Copyright © Editora Planeta do Brasil, 2022
Copyright da tradução © Andréia Manfrin Alves
Título original: *Suis-je hypersensible? Enquête sur un pouvoir méconnu*
Todos os direitos reservados.

Preparação: Aline Silva de Araújo
Revisão: Caroline Silva e Alessandro Thomé
Diagramação: Vivian Oliveira
Capa: Eduardo Foresti | Foresti Design

DADOS INTERNACIONAIS DE CATALOGAÇÃO NA PUBLICAÇÃO (CIP)
ANGÉLICA ILACQUA CRB-8/7057

Midal, Fabrice
 Eu sou hipersensível? - descubra como aproveitar esse superpoder desconhecido / Fabrice Midal; tradução de Andréia Manfrin Alves. - São Paulo: Planeta do Brasil, 2022.
 224 p.

 ISBN 978-65-5535-776-9
 Título original: *Suis-je hypersensible? Enquête sur un pouvoir méconnu*

 1. Desenvolvimento pessoal 2. Emoções I. Título II. Alves, Andréia Manfrin

22-2029   CDD 158

Índice para catálogo sistemático:
1. Desenvolvimento pessoal

Ao escolher este livro, você está apoiando o manejo responsável das florestas do mundo

2022
Todos os direitos desta edição reservados à
Editora Planeta do Brasil Ltda.
Rua Bela Cintra, 986 – 4º andar
01415-002 – Consolação
São Paulo-SP
www.planetadelivros.com.br
faleconosco@editoraplaneta.com.br

SUMÁRIO

DEMAIS..7
O PRESENTE..14
TESTE..22
LUCKY LUKE..28
ACEITAÇÃO..33
FALSO *SELF*..39
EM CARNE VIVA..46
EMOÇÕES..53
CÉREBRO...62
FEITICEIRA..68
EU PENSO DEMAIS...75
ANCORAGEM..81
CORAÇÃO..86
JACÓ..91
SUPERDOTADO..97
LIMÍTROFE..106

NORMALIDADE 111
PROUST 118
SISTEMA NERVOSO 128
SILÊNCIO 135
BURNOUT 140
DESEMPENHO 147
ESTRESSE 153
HOMEM-ARANHA 158
APAIXONADOS 165
SEXUALIDADE 170
MEDITAÇÃO 175
ARTE 181
A PRINCESA E A ERVILHA 187
PRESA 192
NARCISO 197
SUBLIME 202
NATUREZA 207
DARWIN 212

CONCLUSÃO A FELICIDADE 217
AGRADECIMENTOS 219

CAPÍTULO 1
DEMAIS

> Barulhos, cheiros, emoções, empatia, pensamentos...
> As mil maneiras de ser demais

Vivi durante muito tempo numa espécie de caos, numa batalha insensata comigo mesmo e com tudo à minha volta. Minha vida era como um quebra-cabeças desmontado cujas peças não pareciam se encaixar nem ter relação umas com as outras. Elas tinham somente uma coisa em comum: cada uma era uma borbulha em 3D.

Eu sonhava em ser calmo, pois estava no super, no excesso, no demais: sensações demais, emoções demais, ideias demais que se fundiam em desordem, pensamentos demais que seguiam em todas as direções e nunca me deixavam em paz. Não sabia o que fazer com a intensidade que me atravessava.

Eu tinha 4 anos. Chorei, gritei. Minha mãe ficou irritada e não foi condescendente. Ela me vestiu com uma blusa de lã idêntica à que minha irmã usava e nos levou para a escola. À noite, continuei chorando. Meu dia tinha sido um pesadelo: eu só pensava na blusa que me pinicava e da qual minha pele sentia cada fibra, deixando-me louco. Já o dia de minha irmã havia sido totalmente normal.

A cena se repetiu no dia seguinte, depois no outro, até que minha mãe, que já não entendia mais nada, caiu em si e comprou blusas de algodão para mim. Minha alegria foi tão excessiva quanto meu sofrimento: sufocando de gratidão, eu me atirei nos braços de minha mãe e a abracei com toda a força de meus 4 anos.

Não se tratava de um capricho, mas não sei se meus pais alguma vez entenderam isso. Passei minha infância e minha adolescência reagindo de modo exagerado: às meias que era forçado a usar à noite para me aquecer, ao volume da televisão, ao calor, ao frio, à multidão, às piadas, aos projetos, aos pequenos gestos de carinho que deixavam meus olhos marejados. Objetivamente, tudo isso eram apenas detalhes, mas nada era objetivo em minha vida. Eu não conhecia a tepidez. Passava subitamente do riso às lágrimas, do entusiasmo ao desânimo, através de uma infinidade de sensações.

Eu não era como os outros. Aos meus olhos, a vida deles parecia fluir como um rio comprido e tranquilo; a minha era uma sucessão de montanhas-russas. Eu me apaixonava pelo que não lhes interessava, e minhas paixões, o desenho, a leitura, me mantinham ocupado por horas. No acampamento de férias em que meus pais me matriculavam todo verão, eu já nem tentava mais brincar com as outras crianças. Correr ou escalar não me divertia. Eu ficava isolado, mas sempre encontrava uma maneira de grudar em um adulto, fosse uma monitora ou a diretora, e derramava sobre ele todo o amor acumulado dentro de mim. Os outros precisavam relaxar no *playground*; eu precisava de uma verdadeira conexão, de ternura e de carinho, mas, como sempre, em excesso.

Eu já sentia que não tinha nenhum controle sobre mim. Era impotente em relação a mim mesmo. Quando me irritava, sempre no modo "demais", meus pais me perguntavam se eu pensava estar num palco de teatro. Eu não respondia, mas eles tinham razão. Certos dias, ainda tenho a impressão de estar nesse palco e passo, num piscar de olhos, de Shakespeare a Louis de Funès,[1] depois, da tragédia mais devastadora ao romantismo mais exacerbado. Às vezes é embaraçoso, mas é sempre excitante. Quantas vezes me culpei, sem conseguir raciocinar!

Eu me culpei por minhas mudanças de humor, por minha raiva, por minhas lágrimas, pelas exaltações, por minha incapacidade de ser "calmo", "razoável", "zen". Arrastei o "demais" como uma bola de ferro. E ouvi isso de todas as maneiras: emotivo demais, afetivo demais, reativo demais, exagerado demais; mais tarde, isso se estendeu ao trabalho, onde sempre tive a sensação de nunca fazer o suficiente.

No entanto, multipliquei meus esforços para tentar me encaixar nos moldes, para "manter a distância", como me aconselhavam. Limitar-me à técnica, ao factual, à ordem, ao frio, que eram para mim uma língua estrangeira. Eu tinha enfim aprendido essa língua, ou pelo menos suas bases, mas logo voltava àquilo que considerava ser meu grande defeito: ser sensível demais, levar tudo para o coração e me deixar atingir. Ao me "distanciar", sentia que estava "traindo" a mim mesmo.

Às vezes isso me era muito útil. Aos 20 anos, eu estava entusiasmado com a literatura. Um amigo e eu passávamos horas discutindo grandes escritores vivos cujos textos nos perturbavam: Claude Simon, Nathalie Sarraute... Levado por um impulso que, mais tarde, descobri ser fruto da hipersensibilidade, escrevi para essas grandes personalidades. Será que

---

[1] Ator francês de origem espanhola (1914–1983) que ficou conhecido no cinema francês por seus papéis cômicos e, ao mesmo tempo, mal-humorados. No Brasil, ficou conhecido na década de 1970 por seu papel no filme *As loucas aventuras do Rabbi Jacob* [*Les aventures de Rabbi Jacob*], 1973.

foi minha sinceridade que os tocou? Vários deles concordaram em me receber, e tive conversas incríveis com eles.

Passar por tais experiências era ilógico, eu sei, mas será que eu era capaz de construir alguma lógica? Conheço pessoas que são admiráveis porque sabem ir do ponto A ao ponto Z sem nunca se desviar. Desde criança, meu pensamento vai em todas as direções e me impede de seguir sem desvios. Assim que chego ao ponto B, o ponto E me interpela intensamente, depois salto para o ponto M, para talvez retornar, em seguida, ao ponto H. Quando eu estava na escola primária, essa arvorecência contínua fez meus pais serem convocados pelo professor de desenho. Ele não entendia por que, ao me pedir que desenhasse um barco – todos os alunos desenhavam o barco mais bonito –, eu ia além: acrescentava o cais, depois o sol, um avião, os marinheiros, os pássaros, os peixes. Tudo o que me vinha à cabeça. E muitas coisas vinham à minha mente o tempo todo! Esse professor dizia que eu era incapaz de me concentrar na tarefa. Um médico a quem meus pais me levaram encontrou a resposta: "O seu filho não tem nenhum problema, ele tem muito a dizer. Por que vocês querem limitá-lo?". Eu também pulei em seu pescoço para abraçá-lo. Meu entusiasmo nem sempre era bem recebido, mas o médico foi suficientemente inteligente para rir da situação.

Ainda hoje me reconheço nessa história. Continuo pensando de forma diferente, com as minhas intuições, com a sensibilidade que se mistura ao lado emocional e irradia o cognitivo, com minha capacidade de ser perturbado por uma palavra ou frase que leio, de ser emotivo quando, dizem, só a razão deve se fazer presente.

Durante muito tempo, isso foi como carregar uma bola de ferro. Eu me sentia inquieto com algo dentro de mim que eu desconhecia. Nunca sabia de antemão como reagiria a um acontecimento que parecia inofensivo, mas que teria o poder de me perturbar, de me atingir, de me irritar, de me deixar exaltado. Eu não via nenhuma relação entre minhas birras com as meias, minhas notas ruins nas aulas, meus entusiasmos efusivos, meus acessos de raiva diante da injustiça, minhas lágrimas ao ler um poema, minha necessidade do absoluto. Eu era um óvni de outro planeta.

Na verdade – e ainda é o caso –, tudo acontece no meu cérebro como se não houvesse separação entre o hemisfério esquerdo, da razão, e o hemisfério direito, da emoção. Separar um do outro seria como amputar minha existência, me transformar num peixe fora d'água. Imaginar que haveria coisas menos importantes do que outras, ou pertencentes a um campo fechado desprovido de afeto, ou, inversamente, desprovido de razão, não faz nenhum sentido: para mim, tudo implica em me comprometer com todo o meu ser, da forma mais plena possível. Alguns chamam isso de hiperafetividade; essa é minha normalidade.

Algumas vezes, essa intensidade foi dolorosa e me deixou exausto. Mas muitas vezes ela me proporcionou uma espécie de júbilo arrebatador que me transfigurou, me levou além de mim mesmo, me fez tocar a vida em mim, a ser plenamente. Precisei de certo tempo para entender que esse demais do sensível, do emocional, do cognitivo poderia ser uma oportunidade. Que isso seria de fato um dom se eu conseguisse trabalhar nele como outros trabalham seu dom para a música, para a culinária ou para a matemática.

Talvez você se reconheça em certos traços desse retrato. Você se culpa porque: gostaria muito de ser como todo mundo, mas é aí que você se engana: na realidade, você tem um dom. Eu estava determinado a entender isso e pouco a pouco aprendi a implementar diferentes estratégias que me ajudam não a reduzir o demais, mas a transformar essa avalanche em oportunidade.

Seria uma pena você não aprender também a explorá-lo demais e fazê-lo dar frutos.

PARA LEMBRAR

- O hipersensível é abalado pelo demais: emoções demais, pensamentos demais, sensações demais, empatia demais, intensidade demais na vida, às vezes no limite do suportável. É o demais em todas as suas facetas, que não são idênticas para todos e não têm os mesmos efeitos. Não somos iguais diante do demais.
- Esse demais leva o hipersensível a reagir excessivamente a estímulos aos quais os outros não costumam prestar atenção.
- Às vezes é insuportável, mas muitas vezes também é empolgante. Porque esse demais, que às vezes incomoda e perturba, também impulsiona. É a felicidade de estar vivo.

EXERCÍCIO

Faça uma lista do que é demais para você: certas sensações, como ruído ou luz? Emoções que o sobrecarregam? Empatia excessiva?

Essa identificação é o primeiro passo.

Uma vez reconhecidos esses demais, você pode começar a fazer as pazes com eles, ou pelo menos se adaptar a eles.

Se as blusas de lã ou as golas de camisa são um problema para você, perceba isso e evite-as.

É simples!

CAPÍTULO 2
O PRESENTE

> Ter consciência de sua hipersensibilidade pode mudar tudo para você

Eu dou tudo de mim em meus livros, em minhas palestras. É fácil entender o motivo: para explicar, preciso me apoiar em exemplos concretos. Por comodidade, muitas vezes eu os extraio de minha história, de meu entorno.

Há alguns anos, apresentei um seminário nos Estados Unidos sobre meditação. É óbvio que me entreguei a esse exercício – não consigo evitar. Na hora do jantar, um dos participantes, um jovem doutorando em neurociência, se sentou ao meu lado. Era um sujeito fascinante, e nós continuamos a conversa após o jantar, noite adentro.

Inesperadamente, ele me perguntou se eu sabia que era hipersensível. Fiquei perplexo: essa ideia nunca tinha me ocorrido. Eu não via nenhuma relação entre essa palavra e a experiência, ou melhor, *as* experiências que vivi durante quarenta e dois anos, fenômenos aparentemente díspares, que tinham como único ponto comum o "demais": pensamentos demais, emoções demais, empatia demais, sensibilidade demais. Eu me via, sobretudo, muito distante do estereótipo do hipersensível tal como ele era concebido na época – e ainda o é: uma coisinha frágil. Eu era hiperativo, hipercomprometido, assumia responsabilidades familiares e profissionais pesadas. Eu era de fato sensível, mas hiper? Definitivamente, não!

Minha desconfiança o fez sorrir. Ele me disse que era uma reação normal e me explicou que muitos de nós ignoramos ou negamos nossa hipersensibilidade. Alguns chegam a reprimi-la por trás de uma frieza, de um distanciamento terrível. Como resultado, não ficam em paz consigo mesmos. Eles fingem e, cedo ou tarde, acabam se dando por vencidos.

Eu não sabia nada sobre esse tema e, por curiosidade, decidi ouvi-lo. Sua pesquisa seguia pelo viés que ele chamava de "processo de filtragem". É um processo fácil de entender. Nós recebemos do nosso entorno, em fluxo contínuo, milhões de informações: sensoriais, emocionais, cognitivas. Nosso cérebro tem a maravilhosa capacidade de filtrá-las antes mesmo de tomarmos ciência de sua existência – caso contrário, elas nos dominariam, nos devorariam, de tão numerosas e ininterruptas que são. Ele foi o precursor: anos mais tarde, a pesquisa revelaria que neurônios específicos e áreas cerebrais como a zona frontal participam dessa função que protege nosso cérebro de uma sobrecarga destrutiva.

Cada indivíduo, ele continuou, é singular: nossos filtros cerebrais não têm o mesmo poder. Ele os comparou a uma peneira cuja malha pode ser mais ou menos fina, de acordo com os indivíduos.

Em alguns, a malha é muito fina, os filtros são muito eficientes, às vezes até demais, e muitos elementos e informações permanecem imperceptíveis para eles. Decerto eles não são parasitados por esses elementos que desviam a atenção da tarefa realizada e são dotados de uma concentração impressionante, mas, de alguma forma, estão alheios a muitas dessas informações e correm o risco de levar uma vida monótona.

Em outros, chamados de hipersensíveis, a malha é mais frouxa, e a triagem, menos rigorosa. Como resultado, esses indivíduos recebem muita informação proveniente de diferentes fontes, que a maioria não percebe, mas às quais reagem – diz-se, erroneamente, que eles "reagem em excesso". Eles sentem com mais intensidade barulhos, cheiros, frio, calor e até mesmo a menor anomalia em seu organismo. Percebem todos os tipos de sinais da ordem do emocional e respondem a eles com certa intensidade – ficam com os olhos marejados ou com raiva, ou ainda explodem de alegria sem que seus interlocutores, que não percebem nada de extraordinário, entendam essa reação. Esse fluxo intenso também tem um impacto no nível cognitivo. Sobrecarregados de informações e dados, eles têm uma inteligência singular, mais intuitiva: "captam" uma situação, uma solução, muitas vezes sem saber como a perceberam e entenderam e sem nunca passar pelos caminhos da lógica convencional.

O doutorando me deu dois exemplos em que me reconheci imediatamente.

O primeiro foi a história banal de alguém que cruza com um colega no elevador ou diante da impressora. Embora a interação seja breve, formal, o hipersensível intuitivamente sabe que esse colega está com algum problema. Essa percepção não é da ordem do cognitivo, mas da sensibilidade: uma entonação na voz, uma tristeza no olhar, uma agitação inabitual, sinais ínfimos capturados no estado de fluxo, difíceis de nomear ou identificar, o interpelam. Em tais situações, o hipersensível sempre tem dúvidas compreensíveis, até mesmo a impressão de delirar: ninguém mais nota que aquele colega não está bem. No dia seguinte, descobre-se que seu filho está gravemente doente ou que ele recebeu sua carta de demissão. O hipersensível "sabia" desde o início e estava incomodado com isso. Não é que ele seja lúcido demais, ele apenas vê as coisas com muito mais clareza. A intensidade da situação mexeu com ele a ponto de deixá-lo desconfortável o dia todo.

O segundo exemplo é igualmente perturbador. Todos nós vivenciamos finais de semana ou férias com amigos. O ritmo do grupo é ditado de forma natural pela maioria. São organizadas excursões, as refeições são festivas, as noites, animadas. O hipersensível não consegue acompanhar isso por muito tempo. Para ele (ou para ela), isso logo se torna demais. Ele declina de uma caminhada para ficar lendo em seu quarto. Vai dormir mais cedo. Isola-se. Dá a impressão de não participar, de evitar os outros – que, no entanto, são amigos dos quais ele gosta –, de estar entediado. Às vezes ele se irrita e pode até explodir. Os amigos o chamarão de temperamental e ficarão magoados com sua atitude. Ele mesmo se ressente por não ser amigável. Ele tentará explicar essa atitude a si mesmo, procurando algum trauma em sua infância ou alguma outra coisa. Mas não é nada disso: nessa situação, o hipersensível é simplesmente oprimido pelo fluxo de informações que é muito intenso, por todos os sinais que ele capta e que os outros, ao contrário dele, sabem selecionar e deixar de lado. Ele está cansado desse excesso e precisa reduzir o campo de sua experiência no mundo, de sua sensibilidade e de suas emoções para recuperar as energias. É apenas sua maneira de ser.

Ao ouvir esse jovem doutorando, tive a sensação de que um véu se rasgava e me revelava minha própria realidade. Não, eu não era louco, não era estranho, não era anormal. E, sobretudo, ao contrário do que havia muito supunha, eu não era o único a passar por esses momentos de dúvida, de estranhamento diante do que eu considerava serem fenômenos díspares, mas que tinham uma ligação entre si: as fulgurâncias que me deixavam desconfortável, minhas reações por vezes excessivas, minha necessidade de solidão, a sensação de estar perdido em meio à multidão e minha impressão de ser anormal começavam a fazer sentido.

Naquela noite, não preguei o olho. Lembrei-me de tudo o que me haviam dito desde a infância, de tudo o que eu disse a mim mesmo para nomear os fenômenos que vivia: inadequado, imbecil, paranoico. Não me poupei de nada e os outros tampouco o fizeram. Esses julgamentos foram um grande peso para mim, fazendo com que, às vezes, eu perdesse a autoconfiança. À medida que revisitava meu passado, eu era tomado por uma profunda sensação de alívio. Ao amanhecer, estava muito feliz: eu finalmente dava forma a esses fenômenos que até aquele momento não havia conseguido unificar. Não, eu não era um óvni perdido num mundo formatado; eu só sentia demais. O anúncio da minha hipersensibilidade fora um presente maravilhoso. Restava-me assumir essa singularidade.

O dia transcorreu idêntico a todos que o precederam. Minha sensibilidade continuava igualmente exacerbada e meu estômago doía – hoje eu sei que essa é a dor de pessoas hipersensíveis. Apenas uma coisa tinha mudado, e foi capital: eu podia finalmente nomear o que acontecia comigo. E isso era incrível.

Algumas semanas depois, encontrei um amigo que é professor de música. Nossa conversa tinha começado pelo tema do ouvido absoluto, essa capacidade que alguns indivíduos têm de associar qualquer som, mesmo o barulho de uma britadeira, com uma nota musical, de "nomeá-la" de forma natural e de memorizá-la. Eu pensava que esse dom fosse uma raridade. Meu amigo me explicou que não era: muitos o têm e podem até ser perturbados por ele se não tiverem consciência disso. Por outro lado, se eles o trabalham, têm um trunfo para se tornarem grandes músicos. O ouvido absoluto, disse ele, é uma maldição que se transforma em graça quando se faz algo com ele.

Fiquei abalado, tomado por uma ideia maluca: e se o mesmo se aplicasse à hipersensibilidade? E se ela fosse mais um trunfo do que um pesadelo?

Então parti para o que se tornou mais do que uma busca, uma verdadeira investigação. Conheci especialistas e hipersensíveis, pedagogos e professores, consultei estudos e reli filósofos e escritores. Pedi a cientistas que me explicassem o assunto. Percebi que o enigma da hipersensibilidade, ao qual outros nomes foram dados, assombra o pensamento ocidental há milênios, que esse fenômeno está enraizado na história da humanidade.

À medida que avançava, eu tinha a impressão de sair de um labirinto para finalmente me encontrar em campo aberto. Eu entendia por que me sentia tão frequentemente ineficaz, sem talento, sem vocação. No fundo, para usar outra imagem, eu tinha até então o mapa geográfico errado do meu cérebro. Restava-me encontrar um GPS adequado para me orientar na vida.

Eu realizei esse trabalho. Às vezes ele é difícil e requer certa disciplina. Aprendi a distinguir entre o que sinto e a forma como convém agir de acordo com o que tenho a chance de sentir. Restabeleci o equilíbrio entre minhas "antenas" superdesenvolvidas e meus "filtros" atrofiados. Felizmente, continuei sendo hipersensível, dotado do que Jung chamou de "um caráter enriquecedor". E é, de fato, assim que se consegue fazer as pazes com isso.

Compreendo que você tenha dúvidas ao me ler. O seu dom muitas vezes o leva ao isolamento social. Nem seus pais, nem seus professores, nem seus colegas, nem seu cônjuge nem seus filhos alguma vez compreenderam o que acontece com você. Você sempre se culpou, por vezes até se odiou e desejou romper de vez com sua sensibilidade.

Algumas vezes, pensou ter conseguido fazê-lo. Você negou ser hipersensível e até rejeitou essa palavra pejorativa e estigmatizante num mundo que quer você formatado.

Eu duvidei de mim mesmo antes de embarcar nessa pesquisa por vezes desconcertante, mas sempre surpreendente. Vou compartilhá-la com você. Conheço os inconvenientes da hipersensibilidade. Descobri seus benefícios. Percebi que ser hipersensível é um trabalho intenso de uma vida inteira. Mas se você não fizer nada a respeito da sua hipersensibilidade, será um desastre. Transforme-a num presente.

PARA LEMBRAR

- Muitos são hipersensíveis, mas raros são aqueles que se reconhecem sob esse termo carregado de preconceitos, associado, de maneira equivocada, com uma forma de fragilidade.
- Reconhecer-se como hipersensível é fruto de um trabalho. O primeiro passo é estabelecer a relação entre os fenômenos diversos, às vezes estranhos, às vezes devastadores ou estimulantes, que tecem nossa vida.
- A hipersensibilidade é um fenômeno complexo, sutil e desconcertante que assume diferentes formas. Há provavelmente tantas formas de hipersensibilidade quanto indivíduos hipersensíveis.
- O reconhecimento de sua hipersensibilidade é um dom extraordinário que muda a vida. De repente, tudo faz sentido, tudo se torna menos penoso, menos doloroso.

EXERCÍCIO

Analise sua vida objetivamente pelo prisma da hipersensibilidade.

Você identificou certos fenômenos que tinha dificuldade de entender e cujo tronco comum você não via?

Essa simples revisão pode ser libertadora: de repente, você finalmente entende quem é e pode iniciar a caminhada.

CAPÍTULO 3
TESTE

> Como lidar com a abundância de manifestações de hipersensibilidade

Desde o jardim de infância, eu fui um ser à parte. A partir de então, compreendi que todo hipersensível, ao se ignorar, tem dificuldade para se integrar socialmente. Mas eu não tinha nem as palavras para dizê-lo nem a chave para entender o que, mais tarde, salvou minha pele.

Muitas vezes me senti alheio às regras do jogo de outras pessoas; eu tenho minhas próprias regras. Na escola, no ensino médio, na universidade, no mundo do trabalho, em todos os lugares, a vida social é baseada em um conjunto de imperativos, de modelos de sucesso e de comportamentos que não estão em sintonia com minha realidade. Em situações em que outros se adaptam à norma sem se questionar, eu devo permanecer no controle: para não exagerar, para fingir me divertir, para resolver os chamados problemas lógicos, que para mim são herméticos da forma como são apresentados, para obedecer, para me entediar sem protestar, para me conformar, para ser menos idealista, menos exigente.

Durante muito tempo, eu me senti culpado por essa diferença e me estruturei em função dessa culpabilização, que se tornou ainda mais intensa porque minhas diferenças são tantas que perco a noção. Nunca senti que estivesse no lugar certo. Tenho os meus lugares próprios, que incomodam os outros. Grandes festas não me divertem. Lembro-me de um jantar de casamento para o qual fui convidado. Hesitei, mas depois me deixei levar por meus sentimentos: os noivos eram meus amigos e eu não queria desapontá-los. Eu soube, assim que me sentei ao lado de oito pessoas desconhecidas, que aquele momento seria difícil para mim. Elas não eram desagradáveis, mas, à medida que os minutos passavam, sua conversa, insuportavelmente banal, e suas gargalhadas me faziam lembrar dos meus pesadelos no recreio, quando eu não conseguia me integrar, apesar de toda a minha boa vontade. Eu me senti fisicamente mal, sobretudo porque estava irritado por estragar a festa. Os noivos, que notaram meu mal-estar, me mudaram de mesa. Ainda assim, fui logo embora da festa: não tinha queixas em relação à organização, não podia condenar ninguém, mas eu não pertencia àquele lugar. Fiquei desapontado comigo mesmo, triste por não ter sido um bom convidado. Sempre me entediei muito rapidamente. Esse sentimento penoso, incômodo, foi maravilhosamente descrito por Roland Barthes numa passagem que decorei muito rápido de tanto reler:

> Quando criança, eu frequentemente ficava muito entediado. Esse tédio começou visivelmente cedo e continuou durante toda a minha vida, apesar de os episódios terem se tornado cada vez mais raros graças ao trabalho e aos amigos. Isso sempre foi visível. É um tédio aterrorizante, que chega ao ponto do sofrimento, como aquele que vivi em conferências, em palestras e em momentos de diversão em grupo. O tédio está por toda parte.

Quando era mais novo, eu ficava triste por sentir tédio na presença de outras pessoas, mas não havia nada a fazer: eu sempre me senti melhor em casa.

Às vezes me chamavam de "misantropo". Lendo a peça de Molière,[2] eu realmente identifiquei em mim algo desse personagem, quando ele explica seu distanciamento dos outros, "de alguns, porque são maus e nocivos, de outros, por serem vilões complacentes". Ele é misantropo porque tem mágoa da humanidade por sua hipocrisia social, por sua covardia, por sua facilidade em transigir com a exigência pela verdade. Ele não suporta a mentira – como qualquer hipersensível, tem a capacidade de detectá-la e se ressente ainda mais com os mentirosos, porque eles o fazem se lembrar de sua diferença, de sua sensibilidade.

Eis a minha história, que eu poderia continuar desfiando por muito tempo. Desmaio sempre que levo uma picada de agulha. Sei que é ridículo, mas não consigo evitar. Sinto frio o tempo todo e uso meu gorro de lã, mesmo no verão, em trens onde o ar-condicionado é muito forte. Não sei trabalhar com pessoas que não se dedicam de corpo e alma à sua tarefa, mesmo quando se tratam de grandes profissionais. Alguns cheiros me repelem e não suporto cacofonia.

Você não se encontrará inteiramente nessas descrições, e isso é normal: sua experiência é única, a minha também. Não há sinais formais que confirmem uma hipersensibilidade como existem para diagnosticar uma bronquite intensa e diferenciá-la da rinite alérgica. É claro que a intensificação das experiências sensoriais faz parte do espectro, mas de que experiências estamos falando? Do olfato? Do tato? Da audição? E de que maneira? Estou

---

2 *O misantropo* [*Le misanthrope*], comédia de costumes do dramaturgo francês Molière, de 1666.

sempre com frio, você talvez esteja sempre com calor. Você tem zumbidos no ouvido, eu nunca tive. Você não suporta a chuva batendo em seu rosto, e isso não é frescura, mas a mim a chuva não incomoda. Você pode ter conseguido reprimir todos os seus sentimentos até ter se transformado em uma máquina, mas, no fundo, não está bem: você pode ser o mais hipersensível de nós.

Como saber? As revistas, a internet e as redes sociais oferecem todos os tipos de testes lúdicos ou "psicológicos" para os quais os especialistas olham com desconfiança. Do ponto de vista deles, e eles não estão errados, ainda não há uma determinação científica de hipersensibilidade, ou seja, não se sabe o que ela realmente é. Neste caso, o que estamos testando?

É verdade que cada um de nós tem uma forma única de ser hipersensível, e é muito difícil "medir" rigorosamente esse fenômeno. No entanto, esses testes têm uma vantagem: eles promovem, mesmo por brincadeira, um momento de introspecção (tempo para responder às perguntas, por mais banais que sejam) e permitem articular esse conjunto de sensações, experiências e elementos muito díspares entre os quais não vemos qualquer relação. Eles são uma porta de entrada para a possibilidade de compreensão do que acontece conosco e do que nos deixa angustiados.

Minha única crítica, que é válida para todos os testes psicológicos, incluindo os testes de QI, é o risco de que esses testes nos aprisionem em uma caixinha, de que nos façam olhar para nós mesmos através de um filtro, necessariamente distorcido, pois, de certa forma, eles fazem um recorte da realidade.

O pequeno teste que proponho a seguir não é em nada mais científico do que os outros. Transforme cada pergunta em uma oportunidade de se questionar por mais tempo, de partir em busca de descobrir quem você é. Divirta-se, tente identificar outras facetas suas que você ainda não conhecia, mas nunca se deixe limitar, não mais por testes do que pela vida: ela é apenas movimento.

PARA LEMBRAR

- Os testes não são uma ferramenta científica, e a hipersensibilidade continua sendo um fenômeno difícil de definir com nossas categorias de pensamento.
- No entanto, eles podem ser úteis, fornecendo pontos de referência a partir dos quais se desenha uma unidade na abundância de manifestações que constituem a hipersensibilidade.
- Mas esses testes continuam sendo uma aventura lúdica. Tenha cuidado para não se deixar limitar pelos resultados.

EXERCÍCIO

Cinco perguntas para você se conhecer:
1. Você é facilmente ferido por críticas, censuras e conflitos e, portanto, tenta evitá-los?
2. Você é afetado pelo estado emocional de seus parentes ou colegas, a ponto de ter a impressão de ser uma esponja ou de viver sem "filtro"?
3. Há cheiros, luzes, sons e sensações que o perturbam de maneira especial, enquanto, objetivamente, eles não são perturbadores – e não perturbam os outros?
4. Você se entrega de coração à maioria das tarefas que executa?
5. Você às vezes sente sua mente ir em todas as direções? As ideias e os pensamentos se acumulam em você a ponto de deixá-lo cansado?

CAPÍTULO 4

LUCKY LUKE

> Onde descobrimos que a hipersensibilidade é um trunfo valioso para um cowboy do faroeste

Eu sou um apreciador de histórias em quadrinhos. No meu panteão de heróis, um personagem se destaca: Lucky Luke, o cowboy justiceiro que dispara mais rápido que a própria sombra. Devorei suas aventuras, surpreso comigo mesmo por ser fã de um valentão que persegue os bandidos do faroeste e se safa como um chefe onde reina somente a lei da selva.

Eu estava relendo os livros dele algum tempo depois de minha hipersensibilidade me ter sido revelada e tive um choque. Mil e um detalhes me apontaram uma faceta inédita do cowboy: ele é o arquétipo do hipersensível. Eu certamente havia percebido isso de forma inconsciente, e talvez, ao me apaixonar por ele, estivesse à procura de algumas maneiras de sobreviver à lei social que, em alguns aspectos, não deixa nada a desejar em relação à do faroeste.

Eu sabia que ele precisava se isolar. Descobri-o profundamente solitário. Lucky Luke tem alguns amigos com quem cruza durante suas aventuras, mas nunca permanece muito tempo perto deles. Mesmo nos bares, ele fica no seu canto: não suporta o burburinho, a hipocrisia e a superficialidade e não se importa com as convenções sociais. Ele precisa da solidão para não submergir, um tempo para colocar suas ideias e seus pensamentos em ordem. Ele assume isso. Cada um de seus livros, aliás, termina com a mesma vinheta. Seguindo em direção ao sol poente na companhia de seu cavalo, Jolly Jumper, e de seu cachorro, Rantanplan, ele assobia: *"I am a poor lonesome cow-boy and a long way from home"* [Sou um pobre cowboy solitário, muito longe de casa]. A frase hipersensível por excelência.

Esse malfeitor que protege pessoas em perigo sabe que é diferente, mas isso não o aflige, pelo contrário: ele se vê como um cisne no meio dos patos e reivindica sua singularidade. Nem por isso ele é um Smurf tímido ou antissocial! Quando emerge de seus parênteses de solidão, ele é totalmente capaz de lidar com a gramática social que aprendeu – ele até é visto, em alguns livros, usando a estrela de xerife, entrando em contato com o governo norte-americano, resolvendo conflitos entre fazendeiros, ou mesmo se divertindo em um *saloon*. Esse altruísta profundamente generoso também é dotado de um bom senso de humor.

Ele tem um ar calmo e olhos semicerrados, mas, por dentro, está fervendo. Hiperativo, está em todas as frentes. Grande viajante, preocupa-se com sua independência, não obedece a nenhuma hierarquia, a nenhuma convenção. É um freelancer, como diríamos hoje. Ele não é indiferente ao mundo, longe disso! A injustiça e a falsidade o incomodam, o revoltam. Intransigente e colérico (uma raiva que se lê em seu olhar), ele é corajoso e não tem limites quando se trata de proteger os fracos e defender os seus direitos. Mas ele não é um vilão: ao contrário dos clichês do faroeste, esse sensível que tem horror a sangue raramente mata e, na maioria das vezes, se contenta em desarmar os ladrões antes de entregá-los ao xerife.

E, acima de tudo, Lucky Luke fez de sua hipersensibilidade exacerbada e presumida uma vantagem incrível graças à qual ele tem êxito nas missões mais perigosas. Graças às "antenas" que desenvolveu, aos seus sentidos superafiados, ele está sempre à procura dos menores sinais inaudíveis e invisíveis para os outros. É certamente a essa característica que ele deve o apelido de *Lucky*, o "Sortudo", aquele que sabe como sair de todas as enrascadas. Ele fez de sua sensibilidade extrema uma força que o torna insubmersível.

Ele é ao mesmo tempo terno, um cowboy solitário que se refugia na natureza para recarregar as energias junto de seus dois únicos verdadeiros amigos, seu cavalo e seu cachorro. Ávido por espaços amplos e passeios a cavalo pelas vastas planícies desérticas do Oeste, o que mais gosta de fazer é dormir sozinho sob a luz das estrelas. Ele vive à parte, fica de lado, não é como os outros. Ele sente coisas demais.

Plenamente ele mesmo, com suas forças e fraquezas, avança na vida com leveza, em adequação com ela. Se tivesse rejeitado sua fragilidade, se tivesse tentado escondê-la, como as pessoas hipersensíveis muitas vezes fazem, Luke não teria sido Lucky Luke. Ele provavelmente não teria feito nada da vida, curvando-se ao fardo da culpa por ser tão sensível.

Esse cowboy não é uma exceção. Sou fã de John Ford, responsável pelos mais belos *westerns* norte-americanos, que hoje se tornaram grandes clássicos. Os seus heróis? Os Lucky Luke! Solitários e sensíveis, dominados por dúvidas e contradições, que fazem deles verdadeiros heróis, ao mesmo tempo duros e ternos, generosos e ardentes, imbuídos de senso de justiça, à escuta de sinais que só eles percebem, dotados da leveza conferida pela convicção de que não são onipotentes. Capazes de dizer "estou com medo", de revelar sua vulnerabilidade onde os cowboys seguem a regra de não expressar nenhuma emoção. A força de John Ford certamente está em ter conseguido representar a verdadeira hipersensibilidade.

Para você, Lucky Luke pode ser uma inspiração. Quando você vive uma experiência desagradável no espaço aberto onde trabalha ou na saída noturna com os amigos, à qual você não se atreveu a faltar, esse lugar e essas pessoas confirmam sua impressão de que não há um lugar para você na Terra – uma vez que todos parecem agir normalmente, exceto você. Então, você se deixa dominar por sensações e emoções que não sabe como nomear; você se sente encurralado e não enxerga outras possibilidades nessa situação. Você tenta ser o que não é, e isso o paralisa. Você se sente sufocado e fica irritado por isso.

Dedique um tempo a se olhar no espelho como você é, com a sua hipersensibilidade. Liberte-se do fardo da culpa e concentre suas forças naquilo que sente. Ao jogar o jogo social que o aborrece, mas sabendo também como se preservar e se proteger, você relativizará essa experiência desagradável. Você ficará vivo porque é verdadeiro. Um dia, você e eu talvez alcancemos a leveza de Lucky Luke. Estou convencido de que ela não é apenas uma fantasia de história em quadrinhos.

PARA LEMBRAR

- A hipersensibilidade se manifesta por uma profunda humanidade, que é a melhor maneira de assumir as contradições da existência.
- O heroísmo não consiste em sufocar a hipersensibilidade, mas em reconhecê-la plenamente. Ao desenvolver suas antenas, o hipersensível torna-se muito mais ligado com o real.
- É usando todos os trunfos de sua hipersensibilidade que o herói pode se revelar.

EXERCÍCIO

Seja como Lucky Luke!

Em qualquer situação, seja resolver um conflito, seja encerrar um caso complexo, não vá com sede ao pote, mas apoie-se em sua hipersensibilidade.

Desenvolva suas antenas, tome tempo para identificar os sinais que compõem a situação, "sinta-a" antes de agir.

Os problemas que você acreditava serem insolúveis têm uma solução. Você sabe identificá-la.

CAPÍTULO 5
ACEITAÇÃO

> Dizer sim à sua hipersensibilidade não é um ato isolado, mas o caminho de toda uma vida

A hipersensibilidade é como a homossexualidade: não se pode curá-la porque não é uma doença. Também não é uma anomalia ou uma tara. Por outro lado, pode-se viver em harmonia com ela, descobrir seus benefícios e até ter vontade de desenvolvê-la. Porque ela é uma sorte quando se sabe abordá-la de forma inteligente.

Eu explico. Um pinguim não pode ser feliz no deserto: não importa o que faça, ele nunca será um dromedário. O mesmo se aplica a uma pessoa hipersensível, a uma pessoa muito alta, muito baixa, careca: pode-se tentar disfarçar, enganar, mentir, mas não é possível mudar a própria natureza. Um pinguim continua sendo um pinguim. Essa é uma boa notícia: ele tem as vantagens necessárias para se desenvolver e ser feliz... desde que se aceite como pinguim. Essa regra se aplica a cada um de nós, uma vez que todos nós, felizmente, temos algo de pinguim: somos singulares.

No entanto, essa nossa singularidade, seja lá o que for, nos desagrada. Sobretudo quando se trata de hipersensibilidade. Temos a estranha ilusão de viver num universo normativo do qual seríamos os únicos excluídos, e nossa particularidade nos perturba tanto que preferimos nos desvencilhar dela, ignorá-la, fingir que ela não existe. Mas essa solução não é apenas ruim: ela é perigosa. Quando renunciamos à nossa natureza profunda, enfrentamos o mundo desarmados, correndo o risco de sobreviver com um mal-estar que, em última análise, leva à depressão ou ao *burnout*.

Há outra solução: o caminho da aceitação. Ele consiste em me aceitar, me apreciar, me amar como sou. Ele não é tão longo e tão árduo e tem sempre um final feliz. Porque a hipersensibilidade, como cada uma de nossas diferenças, é uma sorte para quem decide habitá-la.

A primeira etapa desse caminho é compreender essa singularidade e, portanto, explorá-la. Como eu sou o que sou? Iniciei essa jornada fazendo a pergunta às pessoas à minha volta, aos amigos, colegas. Como me veem? Preparei-me para ouvir anedotas, histórias que dão forma à minha experiência, mas que nem sempre são agradáveis de lembrar. Algumas respostas foram francamente irritantes – minha mãe me via como uma criança caprichosa, um amigo me lembrou de situações em que eu ficava sério demais, um colega ficou marcado pela minha propensão a exagerar. Mas a maioria dessas histórias me surpreendeu de forma bastante positiva.

Na verdade, eu tinha me preparado para ouvir sobre minha falta de jeito e minha timidez, para ser censurado por minhas hesitações – que chamo de ineficiência –, minha propensão para a solidão, que por vezes beira a selvageria. Ora, estranhamente, o personagem de quem me falaram era amável. Ele foi o único que, infringindo a lei secreta de ignorar um colega, falou com ele de maneira ostensiva. Aquele que encontrou as palavras certas para acompanhar o luto de um amigo. Aquele que não tem o talento para contar piadas hilárias, mas sabe como introduzir poesia para dissipar uma atmosfera pesada, que desenvolveu uma empatia que o torna ainda mais simpático e necessário do que a amiga pianista. Que dedica tempo para ouvir, que sabe amar, ajudar, defender, proteger. Que sabe criar, inventar.

Olhei para mim no espelho que me foi apresentado. Então esse era eu? Senti ternura por esse pinguim hipersensível, com as falhas que não eram as que eu pensava conhecer e as qualidades que nunca tinha imaginado. Fiquei agradavelmente surpreso, eu que sempre fizera um diagnóstico negativo e confuso de mim mesmo. Pela primeira vez, deixei de me sentir culpado por ser quem sou.

A continuação da jornada se deu de forma progressiva. Conforme eu ouvia essas histórias, ia deixando de me autodepreciar. Aceitei-me ainda mais porque finalmente encontrei um sentido para o desconforto que sempre senti em relação a esses sintomas, a esses fenômenos, a essa experiência que me manteve afastado dos outros. Minha condição tinha um nome: hipersensibilidade. A sensibilidade excessiva.

A aceitação cada vez mais profunda de quem sou acarretou uma nova mudança em minha vida: uma manhã, chegando a uma reunião, percebi que não estava mais tentando me parecer com meus colegas, tentando usá-los como modelo. Essa reunião me angustiava, e não me senti obrigado a fazer uma brincadeira quando entrei na sala. Até me atrevi a segredar a dois colegas que estava com dor de estômago. Essas poucas palavras me deram um enorme alívio. Eu me senti ainda mais leve quando ambos me falaram de suas próprias angústias. Eu não conseguia enxergar isso, mas já não era mais o único pinguim na sala.

Aceitar sua hipersensibilidade lhe permite começar a segunda etapa do caminho, a mais divertida, que é descobrir seu próprio "modo de usar".

Eu havia decretado por minha conta que tinha uma fobia social, por causa do tempo que levo para me adaptar a novas pessoas, a novos contextos. Tenho amigos capazes de chegar a uma festa ou coquetel onde não conhecem ninguém e logo se transformar nos reis do lugar. Eu hesitaria em ir e, se fosse, ficaria para trás, na condição de observador. Não é porque sou orgulhoso, não é porque sou medroso ou tímido, é porque sinto tudo de maneira mais intensa. Não consigo "borboletear".

Hoje eu sei que meu "modo de usar" não me obriga, necessariamente, a evitar festas e coquetéis, mas a me preparar para eles. Por exemplo, posso encontrar um ou dois amigos com quem eu consiga ter uma conversa de verdade. Eles estarão comigo para ir ao encontro de novas pessoas e assumir a parte do "borboletear" que faz parte do jogo social. Estou começando até a ver um lado engraçado nisso. Dia após dia, situação após situação, o hipersensível constrói um GPS que lhe permite navegar por um mundo cujos códigos lhe eram quase inacessíveis, já que ele se recusava a se aceitar. Ele identifica seus limites, seus recursos, encontra sua base. Quando tem que mergulhar na água, em vez de ficar paralisado pelo medo, ele a explora, transforma-a em uma brincadeira. Ele entra na experiência, em vez de negá-la. Novos caminhos se abrem para ele e o ajudam a se reconhecer um pouco mais, a se aceitar.

Ele se torna um pinguim que, por se saber um pinguim, mas ao mesmo tempo humano, tem a capacidade de viver feliz no Saara... sob certas condições que não são extravagantes, mas auxiliares. Ele descobre oportunidades de sucesso que lhe são próprias.

A aceitação, agora estou convencido, é o único meio de sobrevivência para uma pessoa hipersensível. Ela é fruto de um trabalho interno que pode assustar por sua exigência de exposição, mas é uma vitória magistral.

Fico preocupado com aqueles que escolhem, consciente ou inconscientemente, privar-se dela. Prisioneiros da imagem que desejam passar sobre si mesmos, eles se isolam de suas emoções, de sua capacidade de empatia, de sua própria intimidade, que lhes parece muito ameaçadora. Eles se endurecem porque têm medo de se revelar, de serem desmascarados na sua fragilidade, que, todavia, é inerente à condição humana. Eles não entendem que a hipersensibilidade não impede a racionalidade, mas a complementa com a extraordinária riqueza que está ao seu alcance. Cegos em relação a si mesmos, eles são incapazes de realizar o trabalho interior que nasce da verdadeira lucidez.

Há um caminho para fazer diferente. Ele me serviu como um fio condutor durante minha investigação. Siga-me: esse caminho às vezes é sinuoso, mas não é íngreme.

PARA LEMBRAR

- Receber o dom da hipersensibilidade não é suficiente: deve-se, em seguida, saber integrá-lo à sua vida.
- A aceitação não consiste em baixar os braços e simplesmente consentir em ser assim. Ela é um longo caminho, uma exploração diária, um "sim" que se repete todos os dias e em todos os momentos.
- Esse trabalho não é uma decisão intelectual, não se trata apenas de "compreender". É uma aceitação profunda e exigente.

EXERCÍCIO

Cada vez que você se sente estranho, incongruente, desajustado, inapto, cada vez que você tem uma experiência desagradável, esse é o momento para você aceitar que isso é um sinal de sua hipersensibilidade.

Reconheça-a, diga-lhe que tudo bem.

Você pode então virar a página dessa situação desconfortável e seguir em frente.

CAPÍTULO 6
FALSO *SELF*

> Sua carapaça não o protege.
> Ao contrário, ela é uma desvantagem

Um dos maiores perigos para o hipersensível, não me canso de dizer, não reside em sua hipersensibilidade, mas no fato de ele a rejeitar.

Na panóplia dos mecanismos de defesa que colocamos em prática, um deles é particularmente perigoso. Por um lado, porque ocorre de modo inconsciente; por outro, porque, no início, a pessoa realmente se beneficia dele: ela está artificialmente protegida.

É o mecanismo do falso *self*, uma carapaça que você constrói pouco a pouco, de acordo com as circunstâncias: no recreio, para que as crianças não o machuquem muito com seus comentários; na adolescência, para não ser rejeitado; mais tarde, para encontrar seu lugar na sociedade sem correr o risco de se ferir. Graças a essa carapaça, você espera finalmente corresponder ao que imagina serem as expectativas dos outros. Mas ao longo dos anos, você se torna somente uma carapaça. Você se perde sob o falso *self*, o falso eu que você edificou. Você se agarra a ele de qualquer modo, na esperança de continuar sendo protegido. Com o tempo, essa carapaça pode rachar ou até explodir abruptamente.

Foi o que aconteceu à minha tia. Durante anos, fui aterrorizado por ela. Não era má, longe disso, mas parecia muito severa em suas roupas impecáveis, em sua vida em que tudo estava em perfeita ordem e nada destoava, em seu sucesso profissional de que a família tanto se orgulhava. Ela tinha se acostumado a liderar com mãos de ferro, a controlar os menores detalhes, a atender – pelo menos ela pensava assim – todas as expectativas de seus familiares, de suas equipes, de seus amigos. Ela estava superadaptada a este mundo, e provavelmente era isso que me assustava.

Ela tinha 52 anos quando tudo desmoronou de repente. Uma manhã, ela não se levantou da cama. Primeiro falaram de cansaço, em seguida, de uma depressão relacionada com a saída de seus filhos de casa. Minha tia, na verdade, tinha sido vítima de um esgotamento do qual levou vários meses para se recuperar.

Eu a vi mais de um ano depois desse acontecimento. Ela tinha retomado o trabalho, mas encontrou tempo para me ligar. Sabia que eu estava ensinando meditação e queria me pedir conselhos. Seu telefonema me deixou surpreso; sua voz, que estava diferente, também me surpreendeu, assim como sua conversa. Aceitei o convite dela para almoçar... mas com uma enorme apreensão.

Ela tinha chegado antes de mim no restaurante, e, enquanto me aproximava da mesa, hesitei. Na verdade, foi difícil reconhecê-la. Ela era outra pessoa. Menos rígida, mais brilhante, mais animada. Menos conformista.

Nosso almoço se prolongou até o jantar. Ela continuava empenhada, plena, mas muito mais amável. Ela chorou, riu, eu chorei e ri junto. Naquele dia, descobri uma nova mulher. Ou melhor, a verdadeira mulher que ninguém, nem mesmo ela, havia conhecido antes. "Eu me adaptava tão facilmente que no fundo não sabia mais quem eu era. Eu não vivi de fato minha vida, nunca podia ser eu mesma", ela me disse assim que nos sentamos à mesa.

Minha tia cresceu numa época em que as mulheres passavam por mais provações do que hoje para existir. Aos 30 anos, ela fundou sua empresa e a desenvolveu tentando, ao mesmo tempo, ser mãe e esposa modelo. Ela ambicionava ser perfeita e se construiu tentando estar onde esperavam que estivesse. Ela moldou seu universo de tal forma que era esperada por toda parte. Como resultado, aos seus olhos, o mundo havia se transformado em um monstro devorador.

Na realidade, ela não tinha se construído, mas construído uma carapaça à sua volta. Uma espécie de armadura protetora atrás da qual se esqueceu de si mesma. Ela supôs que correria riscos mostrando sua verdadeira personalidade, revelando seus verdadeiros desejos, suas angústias, às vezes seus medos, sua sensibilidade. Em resumo, sua humanidade. Com sua armadura, ela era inatacável, mas essa armadura estava ficando cada vez mais pesada, e o seu peso a esgotou. Seu falso *self*, que havia cumprido, por um tempo, o papel de mecanismo de defesa, tinha finalmente conseguido vencê-la.

Todos nós carregamos um falso *self*: a vida social requer isso. Não sou o mesmo numa reunião de trabalho, onde me adapto aos códigos, e num concerto, onde me deixo levar pela música.

O pediatra e psicanalista britânico Donald Winnicott, que desenvolveu o conceito de falso *self*, descreve o como uma pseudopersonalidade dotada de função dupla. Por um lado, proteger o verdadeiro *self*, escondendo-o quando há "perigo" para ele. Por outro, proporcionar certa adaptabilidade às restrições do ambiente. Durante uma reunião de trabalho, não expressarei espontaneamente tudo o que sinto, como o tédio, para não correr o risco de ser considerado um grosseirão inapropriado. Desempenharei então o meu papel, à maneira dos atores do antigo teatro grego, que usavam uma máscara, indicando assim aos espectadores qual personagem eles assumiam durante a representação.

O problema, diz Winnicott, não é a existência do falso *self* ao lado do verdadeiro *self*, mas a relação que se estabelece entre ambos. Quando a influência de um se torna mais forte, ou forte demais, o segundo desaparecerá, induzindo assim um estado patológico. Ele não desaparecerá, mas se esconderá, ou mesmo será reprimido, o que trará consequências. O sujeito então atravessa uma crise de identidade, fica alienado e passa por um grande sofrimento.

Essa situação diz respeito, em primeiro lugar, às pessoas hipersensíveis que não se reconheceram nem se aceitaram. O seu verdadeiro *self* parece estranho, inadequado, frágil demais para ser amável. Elas não têm confiança em si mesmas, nem em seu entorno. Por medo de serem rejeitadas, enterram seu verdadeiro *self* sob uma carapaça, relegam-no ao esquecimento do esquecimento e se certificam de que ele nunca será revelado em público. Abandonam a possibilidade de serem amadas pelo que são e passam a desconhecer a própria existência do que são.

Mas só o verdadeiro *self* tem o poder de criar. Quando ele é sufocado, a opção que resta é conformar-se, imitar, curvar-se às expectativas dos outros, caber num molde pequeno demais, estreito demais, obscuro demais. Abandonar o que é próprio da hipersensibilidade: o desdobramento. A singularidade já não tem o direito de existir. As menores asperezas da pessoa são sufocadas por um papel imposto que não lhe convém. Nada mais é espontâneo ou natural, nenhum desejo próprio vem despertar a vida. O indivíduo de armadura é como o ator grego que conservaria a máscara de seu personagem após a representação, representaria seu papel até o fim de sua vida. Depois de alguns anos, ele nem sequer saberia onde sua humanidade ainda reside.

Naquela manhã, quando não se levantou da cama, minha tia chorou. O seu falso *self* nunca chorava. Ele tinha vergonha de chorar. Ela não conseguia explicar o sentimento de alívio que experimentava enquanto chorava, apesar de sua exaustão. Tinha passado dias e noites chorando. Ela me disse que sentia que estava se dissolvendo. Era o seu falso *self* que se dissolvia. Depois ela tentou compreender o seu desconforto e, sem se dar conta, começou a visitar seu jardim interior, do qual só conhecia os muros ao redor.

Pregada em sua cama, ela percebeu seu conformismo, seu medo de ser rejeitada, abandonada e incompreendida, sua necessidade vital de ser amada, que a levava a "fazer tudo sempre muito bem" e, portanto, a se controlar. À medida que explorava, ela foi descobrindo um personagem que havia proibido a si mesma conhecer. Ela vivia, por meio de suas lágrimas, um terremoto restaurador.

Trancado na escuridão silenciosa, o seu verdadeiro *self* tinha necrosado. Mas ele só queria ressurgir, triunfar em meio a essa confusão.

Durante nosso almoço, pela primeira vez eu a vi chorar. Chorou diante de todos os que estavam sentados à nossa volta. Ela percebeu que tinha vivido até então em um estado de pânico – o medo de que os outros descobrissem quem ela realmente era, com suas emoções, seus sentimentos, suas vontades, suas necessidades, sua vulnerabilidade, sua força, suas paixões e, às vezes, seu cansaço. Mas ela sorria através de suas lágrimas, confidenciando-me: "Eu sou normal, mas normal diferente".

Ela havia parado de fingir... e seu mundo não havia desmoronado. Hoje, minha tia continua sendo uma mulher educada, hábil e adaptada. Ela conhece as regras sociais e as cumpre. Isso não a impede de dar vazão ao que sente, ao que experimenta. Como ela repete muitas vezes, não tem mais a sensação de estar vivendo em negação.

Graças a uma ousadia totalmente nova, a uma criatividade reencontrada, ela fez sua empresa crescer ainda mais. E mal conseguia acreditar no relacionamento que construiu com seus filhos: eles, que sempre se sentiram esmagados por sua perfeição, agora têm uma mãe "real".

O caso de minha tia está longe de ser uma exceção. A maioria das pessoas mantidas reféns por um falso *self* desenvolve a síndrome de Estocolmo: têm um medo intenso de perder o seu raptador, medo de se perder, de não saber mais como agir, como reagir, que decisão tomar. Elas têm medo de não serem aceitas porque isso é desconfortável e desagradável e porque parece mais conveniente dizer o que é "preciso", agir como for "preciso", desempenhar um papel que não está relacionado com o que se tem vontade de dizer e de fazer, com o que se considera justo. Há o medo também de serem tocadas, o que é dissimulado sob a raiva e a agressividade característica do falso *self* – repreendemos nosso filho, em vez de lhe dizer que seu atraso nos assustou, que o amamos e que temos muito medo de perdê-lo.

Essa lógica é uma ilusão perigosa. Você não entrará em colapso porque você é você mesmo; pelo contrário, quando você se afasta do medo, encontra em si uma força inesperada, a força da confiança. Quando você se livra dessa velha armadura pesada e enferrujada que o impediu de se mover e de seguir em frente, conhece a felicidade de dançar, correr e nadar.

Ser você mesmo é uma aventura extraordinária.

PARA LEMBRAR

- O falso *self* é um mecanismo psicológico, uma carapaça que construímos para nos proteger.
- Ele pode, de fato, em um primeiro momento, desempenhar um papel protetor. Mas o seu benefício é, ao mesmo tempo, ilusório e paralisante.
- Convencemo-nos de que sem o falso *self* estaríamos em perigo. Na realidade, *ele é* o perigo: ao longo do tempo, essa armadura enferruja, fica mais pesada e nos impede de nos mover e de avançar.
- Livrar-se de seu falso *self* antes que ele exploda é um importante ato de confiança. O medo é legítimo, mas a magia da vida faz com que, na realidade, sem armadura, você possa caminhar ainda melhor.

EXERCÍCIO

Sente-se por alguns instantes e aproveite o tempo para se sentir perdido, tocado, vulnerável.

Você deve imaginar que ter consciência disso será insuportável.

Mas você descobrirá que, ao contrário, parar de fugir do que está sentindo é um imenso alívio.

Você também perceberá que há uma maneira de se libertar do fingimento.

Um caminho que você faz de tudo para evitar, correndo o risco de se perder ainda mais.

Não vá mais longe: essa consciência já é um passo importante no caminho.

CAPÍTULO 7
EM CARNE VIVA

> Com o seu temperamento borbulhante, forte, expansivo e expressivo, o hipersensível é um enigma que sempre foi questionado na história do Ocidente

Durante minha investigação, fui desafiado pela abundância de vocabulário usado no Ocidente, durante dois mil e quinhentos anos, para designar o hipersensível sem recorrer a essa palavra. Um fenômeno que evidencia a evolução da percepção social da hipersensibilidade. Hoje, existe uma expressão recorrente: "emoções em carne viva".

Durante muito tempo, fui um ser indefeso, sem filtro ou proteção diante do mundo exterior. Uma pessoa em carne viva, em quem o menor incidente tinha um impacto direto, que era capaz de sentir um intenso júbilo ou uma descarga de adrenalina ante uma palavra, de ficar emocional, cognitiva, substancial, emocionalmente perturbado por uma ideia. Adulto, pensei que estava construindo uma segunda pele, na ausência de uma carapaça. Entretanto, continuei a me sentir como uma lagosta atirada em água fervente. Isso foi antes de tomar consciência de minha hipersensibilidade.

"Em carne viva" não é uma expressão errada, já que dá forma a uma experiência vivida pelos hipersensíveis, mas é imperfeita porque se limita a uma visão restrita e unilateral de um fenômeno muito maior. Para descrever uma mesa, posso dizer que ela tem quatro pernas, o que é verdade, mas não é suficiente: ela é grande, pequena, de madeira, de metal, redonda, quadrada?

Não há dúvidas de que o hipersensível é facilmente afetado pela realidade do mundo exterior: o mais leve ruído e o evento mais inócuo podem ter um impacto considerável sobre seu ser. Mas, se ele é diretamente atingido, não é só porque ficou "em carne viva", o que significaria ser ferido, torturado. É, na verdade, porque ele desenvolveu ao extremo aquilo que, nele, se abre para o mundo, o coloca em plena relação com a realidade, em inteligência com ela, ou seja, em estreito contato com tudo que a constitui.

A fome, uma guerra, uma catástrofe natural num país distante não são para ele informações abstratas: o hipersensível sente o sofrimento humano que acompanha essas situações e sofre de verdade por elas. A felicidade de um amigo o deixa igualmente feliz. Ele dispõe de uma qualidade rara: a hiperempatia. O fato de ter essa inteligência da sensibilidade, que é a verdadeira face da inteligência, o faz colidir com o mundo, em uma relação singular de compreensão do que ele representa.

O hipersensível tem a sorte de estar em carne viva, de não viver em sua bolha e de se abrir a relações construtivas e revigorantes. Ele tem a chance de "ver" tudo, e é isso que lhe dá a capacidade de compreender, a força para se revoltar, a energia para denunciar as injustiças, bem como para encontrar caminhos alternativos onde os outros veem somente o caminho principal.

Uma de minhas amigas está nessa situação. Será que ela um dia saberá por que razão recusou o diagnóstico de um médico e o tratamento que ele prescreveu à sua filha, que não estava bem e cuja saúde estava se deteriorando? Nunca tendo estudado medicina, ela me disse que sentia que "algo estava errado". Ela se sentia profundamente desconfortável e tinha movido montanhas para conseguir rapidamente outra consulta, com outro especialista. Com efeito, o primeiro diagnóstico tinha sido feito rápido demais, sem levar em conta todos os sintomas. Por sua inteligência situacional, essa mulher "em carne viva" salvou sua filha. Desde que ela me contou essa história, a palavra "viva" me parece muito mais apropriada do que a expressão "em carne viva" para descrever essa realidade. Uma pessoa hipersensível é, em primeiro lugar, uma pessoa viva.

"Em carne viva" não é a primeira expressão a falhar em descrever um fenômeno muito mais amplo, que sempre foi motivo de preocupação. No início do século XX, o hipersensível era chamado de "nervoso" – aquele ou aquela que tem os nervos à flor da pele. Bergson ajudou a popularizar essa expressão: em seu magistral *Matéria e memória*, ele desenvolve uma teoria sobre o sistema nervoso. A sua função, diz ele, é tripla. Primeiro, consiste em receber excitações (o primeiro diagnóstico tinha deixado minha amiga em dúvida); em seguida, em preparar, no organismo, os aparelhos motores que reagem a essas excitações (minha amiga decidiu buscar outra resposta junto de outro especialista); e, finalmente, em mobilizar o maior número possível de "dispositivos" para responder (ela usou sua inteligência, suas emoções, suas relações para encontrar outro especialista e marcar uma consulta). Quanto mais o sistema nervoso é desenvolvido, mais ele é capaz de receber excitações fracas e relacioná-las com um maior número de "dispositivos motores" cada vez mais complexos. "Assim cresce a latitude que ele deixa para a nossa ação, e nisso consiste precisamente sua perfeição crescente."

O nervoso "bergsoniano" não está longe da pessoa em carne viva contemporânea que, graças à sua sensibilidade, tem a faculdade de enxergar, de compreender, de relacionar o que escapará aos outros, aos menos sensíveis. Ele é também o nervoso maravilhosamente descrito por Proust no que continua sendo uma das mais belas passagens sobre hipersensibilidade:

> Aceite ser chamada de nervosa. Você pertence a essa magnífica e lamentável família que é o sal da terra. Tudo o que conhecemos de grandioso vem dos nervosos. Foram eles e não outros que fundaram as religiões e compuseram as obras-primas. O mundo nunca saberá tudo o que lhes deve e, sobretudo, o que eles sofreram para nos dar o que deram. Nós desfrutamos das belas músicas, das belas pinturas, dos milhares de iguarias, mas não sabemos o que custaram àqueles que as inventaram em insônias, choros, risos espasmódicos, urticárias, asmas, epilepsias, uma angústia de morrer que é pior do que tudo isso.

Na verdade, nada de excepcional é criado sem sair do padrão, da conformidade. Sem usar a potência da hipersensibilidade, que excede em possibilidades tudo o que a razão, a lógica e as teorias secas teriam para nos oferecer.

Muito antes de serem chamados de "nervosos", e até o século XVIII, os hipersensíveis foram chamados de "melancólicos". Essa palavra obviamente não deve ser considerada no sentido que entendemos hoje, quando a associamos com tristeza, desânimo ou até mesmo depressão. Ela era usada em referência à teoria grega dos quatro humores, que foi a base da medicina antiga. Cada humor tinha suas próprias doenças e terapias associadas.

De acordo com essa teoria, o melancólico está sob a influência da bile negra, secretada em excesso. Ele é sensível e emotivo, às vezes extremamente suscetível, ao mesmo tempo meticuloso e compassivo, também pode ser inibido ou demonstrar uma excitação extrema.

Aristóteles era fascinado por pessoas melancólicas, das quais traçou um perfil em que muitos hipersensíveis se reconhecerão:

> Por causa da violência de suas sensações, elas atingem o objetivo com facilidade, como se atirassem de longe. E por causa de sua mobilidade, eles rapidamente imaginam o que acontecerá na sequência [...]. Os melancólicos, por sua própria vontade, encadeiam os fatos entre si e avançam.

Eles são, diz ele, dotados de uma intuição "genial", ao mesmo tempo aguçada, rápida e imaginativa. Ele também descreve seu modo de estar alerta, a inquietude que os obriga a pensar mais, a criar mais, a serem heroicos e a mudar o mundo. Resumindo, os irmãos mais velhos dos nervosos concebidos por Bergson e Proust.

Em *Problemas*, Aristóteles explica maravilhosamente a melancolia apoiando-se em uma ousada comparação: os bebedores de vinho.

> O vinho tomado em grande quantidade parece de fato colocar as pessoas no estado onde dizemos que estão aqueles em quem predomina a bile negra. Quando se bebe vinho, ele produz uma grande variedade de sentimentos. Ele torna os homens irascíveis, benevolentes, misericordiosos, imprudentes. Ao contrário, nem o leite, nem o mel, nem a água, nenhuma outra bebida tem um efeito comparável. É possível

se convencer de que o vinho produz todos os tipos de sentimentos ao ver como ele modifica pouco a pouco o comportamento dos bebedores. Consideremos as pessoas que estão em jejum. Elas têm um temperamento frio e silencioso. Basta que bebam um pouco a mais para que o vinho as deixe falantes, fazendo discursos e cheias de ousadia. Se elas vão ainda mais longe, o vinho desperta seu ardor para a ação. Se bebem ainda mais, começam a insultar as pessoas e depois perdem a razão.

É entre os melancólicos, afirma ainda Aristóteles, que se recrutam os grandes homens deste mundo, "homens que se distinguiram na filosofia, na política, nas artes": só eles dispõem de um poder que os perturba, que os faz crescer, que os inspira, que os impele à aventura. Ele cita Hércules, Ajax, Lisandro, Empédocles, Platão, Sócrates "e muitas pessoas famosas".

Você é "melancólico" no sentido antigo do termo, uma pessoa em carne viva, mas ainda se sente inadequado, em falta, à parte, singular? E se, para recuperar a potência destacada por Aristóteles, você simplesmente aceitasse sua hipersensibilidade?

Permita-se aceitar a embriaguez que ela cria. Ela lhe dá força e criatividade.

PARA LEMBRAR

- Desde Aristóteles, a história do pensamento e da filosofia tem questionado incessantemente o enigma da hipersensibilidade, nomeado ao longo do tempo de diferentes maneiras.
- Atravessados pelo próprio movimento da vida, os hipersensíveis são dotados de um poder que sempre fascinou.
- A vida de um hipersensível pode parecer desconfortável para ele, com sua sucessão de altos, que são muito altos, e baixos, que são muito baixos. Em contato direto com a realidade, ele sente até as menores comoções. Esse contato direto com o real é uma oportunidade maravilhosa. Não é, portanto, surpreendente que os melhores políticos, desportistas, guerreiros, escritores... sejam hipersensíveis.

EXERCÍCIO

Você se acostumou a viver voltado para o exterior: reage a tal observação, a tal estímulo, procura as soluções à sua volta.

E se você invertesse esse movimento, voltando-se para si mesmo e olhando para essa energia que fervilha no seu interior? Você a considera um fardo e a culpa por transbordar. Na realidade, você não está submerso nela, você é agitado por ela. E não é a mesma coisa!

Relacione-se com ela, aceite-a, confie nela, torne-se amigo dela.

Assim que a reconhecer, ela falará com você. Não se deixe confundir: ela é como um cavalo vigoroso.

Não vale a pena olhar para esse cavalo de longe e com medo. É melhor domá-lo, aprender a galopar com ele e partir para a aventura de sua própria vida.

CAPÍTULO 8
EMOÇÕES

| Como tomar uma decisão verdadeiramente lógica e racional

O hipersensível aprendeu a viver na desconfiança de suas emoções. Elas entram em sua vida a qualquer momento e ele tem a impressão de que elas o impedem de agir como deveria. E por uma boa razão: na esteira de Descartes, fomos educados na ideia de uma estrita separação entre a razão, uma criação pura da mente, e as emoções, que, em conexão com o corpo, perturbam a razão e a impedem de se desenvolver. No entanto, para o hipersensível, essa separação é tênue, por vezes quase inexistente.

Desde a infância, ensinaram-me que não se deve chorar, que não se deve ficar zangado, que não se deve ter medo ou ficar paralisado pela angústia, sob o risco de ser menos eficiente, menos "forte", menos adulto. "Reflita!", me diziam, deixando subentendido que eu me deixava guiar apenas por minhas sensações mais primárias.

Não culpo meus pais: eles, como todo mundo, criaram sua própria regra cartesiana, segundo a qual se deve conseguir, por razão e vontade, dominar a irracionalidade das paixões que nos impedem de pensar. Em suma, que o ideal seria ser frio como uma serpente quando se trata de tomar as decisões certas. Ou seja, o tempo todo. E, como ainda somos humanos, criamos algumas escapatórias para nós mesmos, sem grandes consequências: filmes, jogos, artifícios inofensivos nos quais somos convidados a derramar nosso excesso de emoções. Depois recomeçamos a pensar "lucidamente".

A que erro magistral nos submetemos durante séculos! Foi preciso esperar pelo início dos anos 1990 e pela coragem de alguns pesquisadores não convencionais para que surgisse um conceito que primeiro escandalizou: o da inteligência emocional. A inteligência do coração.

Essa inteligência é sutil. Ela investe no enorme potencial das emoções. Não consiste nem em aceitá-las nem em rejeitá-las em massa, mas em concordar em ouvi-las a fim de distinguir em cada uma o que merece ser absorvido, o que poderia ser transformado, o que seria bom atenuar. Porque algumas emoções são falsas, assim como alguns raciocínios: há medos infundados, angústias que não têm razão de ser, exaltações que a realidade rapidamente modera. Por outro lado, outras são verdadeiras e existem para nos alertar. Se me sinto desconfortável com determinada pessoa ou situação, seria estúpido ignorar esse sentimento, em vez de buscar compreendê-lo.

A pista da inteligência emocional foi reforçada por descobertas nos campos da neurologia e da psicologia, que revelaram a contribuição fundamental das emoções para toda reflexão lógica, eliminando assim definitivamente a distinção de Descartes.

Uma das descobertas mais espetaculares foi feita pelo neuropsicólogo português António Damásio. Em seu laboratório, na Califórnia, ele se beneficia de equipamentos de exploração cortical e imagiologia particularmente sofisticados. Graças a esses equipamentos, ele identificou a presença, no cérebro, de "marcadores somáticos", que são vestígios impressos por nossas experiências, nossas raivas, nossas comoções, nossas emoções. O que vivemos no presente reativa um ou outro desses marcadores. Quer queiramos, quer não, eles intervêm nas decisões que tomamos. Se evito caminhar por um beco sem saída à noite, não é só porque eu refleti, mas porque marcadores emocionais me alertaram dos perigos potenciais!

Quase trinta anos de pesquisa permitem a Damásio afirmar que o principal trabalho da "mente" consiste em mapear constantemente nossas menores sensações e tirar delas um modelo de si e um modelo do mundo. Nenhuma informação, diz ele, chega sem "sentimento" ao sistema nervoso central.

Nossas emoções são, portanto, uma modalidade essencial de nossa relação com o mundo. Se eu tiver que tomar uma decisão lógica, racional, é muito mais interessante para mim confiar nelas: elas me trazem informações que podem ser valiosas se eu souber discerni-las.

Já conversei sobre isso com banqueiros. Para estudar um dossiê de empréstimo, eles inserem números em seu computador, que, calculando as capacidades de reembolso, avalia as do empréstimo. No entanto, o resultado bruto é, na maioria das vezes, moderado pela intervenção humana: é assim que ele se torna mais justo. Meus interlocutores começam nossa conversa qualificando sua intervenção de "lógica", baseada numa avaliação ampla da situação do mutuário. Quando eu os convido a ir além em seu raciocínio, a palavra "lógica" pode ser substituída por outros termos menos convencionais em seu universo: sentimento, intuição. Eles não vão na contramão da razão, mas a alimentam, a iluminam, a confortam. De certa forma, eles mobilizam emoções, que não só têm seu direito de ser, mas também sua utilidade.

A norte-americana Martha Nussbaum, filósofa e professora de direito, filtrou os argumentos segundo os quais as emoções seriam forças cegas, animais, que alteram o julgamento e, portanto, deveriam ser completamente rejeitadas na deliberação de um júri. É o caso das instruções dirigidas aos jurados da Califórnia, ao estipular que se deve ter cuidado "para não serem influenciados por meros sentimentos, por conjunturas, pela simpatia, pela paixão, pelo preconceito, pela opinião pública ou pelo sentimento do público". Tais injunções, diz ela, apenas refletem uma fantasia de invulnerabilidade, que é uma negação objetiva de nossa humanidade. Felizmente, os jurados não condenarão da mesma forma, apenas com as regras da lógica, uma mulher vítima de violência que, em legítima defesa, matou o marido, e o ladrão ou o assassino em série que agiu a sangue-frio.

Em vez de lutar em vão contra as emoções, Martha Nussbaum defende uma educação moral da simpatia, de modo a acompanhar com lucidez um julgamento democrático e, de forma mais ampla, o funcionamento de uma sociedade mais justa, de um mundo mais humano, onde estamos em relação uns com os outros e onde vivemos uma relação de codependência, símbolo de uma comunidade de verdade. Se me isolo de minhas emoções, me isolo da realidade do mundo e, portanto, sou incapaz de tomar uma boa decisão para mim, para meu grupo e para a cidade. E isso é extremamente preocupante.

No entanto, para mim, como para todas as pessoas hipersensíveis, a questão continua sendo saber o que fazer com o excesso de emoções que nos oprime a ponto de nos tornar, por vezes – estou ciente disso –, socialmente incompatíveis. A solução, como vimos, não é nem reprimi-las nem expressá-las como são. Uma emoção é feita para ser primeiro ouvida, explorada, entendida no que ela tem a dizer, para que eu possa estabelecer com ela uma relação inteligente e adulta.

Um amigo me magoou, estou zangado, não quero mais falar com ele. Tirarei um tempo para examinar o que estou sentindo. Qual era a intenção desse amigo? Ao responder a essa pergunta, constato que ele não me atacou deliberadamente, mas que minha hipersensibilidade interpretou mal seu ponto de vista. Minha ira não é necessariamente justa: como todas as emoções, ela não é prova de verdade, tampouco é prova de falsidade. Existem vários métodos de "exame das emoções". Eu aprendi e experimentei quatro. Aplico um ou outro, de acordo com as diferentes situações que se apresentam.

Método nº 1: o espectador imparcial

Emprestei esse método do filósofo do Iluminismo Adam Smith, que também era um grande economista. Quando sinto que uma emoção está chegando, e antes que ela me oprima, eu tomo o tempo de me posicionar como um espectador que assistiria à cena sem tirar conclusões precipitadas. Vejo o que acontece de forma imparcial, à distância. Retomemos o exemplo anterior, do amigo que me magoou. Talvez o espectador imparcial descubra que esse amigo não é mal-intencionado, mas que foi apenas descuidado. Neste caso, minha raiva não era confiável. Mas ele também pode ver que minha raiva é justificada. Já recuci o suficiente para tomar as decisões que me parecem justas.

Método nº 2: examinar a emoção

Aprendi esse método com meus mestres de meditação. Se estou bravo, reservo alguns instantes para fechar os olhos e voltar à experiência corporal da emoção. A raiva está na minha garganta, na minha barriga? Dou-lhe uma forma, uma cor. Eu a examino de maneira diferente. Um amigo meu andava de bicicleta pela cidade com o filho, quando este fez uma curva sem antes olhar para os lados. A reação de meu amigo foi rápida: ele esbofeteou o adolescente. Teve então vergonha de seu gesto e seu filho ficou magoado. Refletindo, meu amigo examinou sua raiva. Ele viu que por detrás dela se escondia o medo. Temeu pelo filho, mas, em vez de lhe dizer isso, bateu nele. Não reconheceu seu medo, que se transformou em raiva. E descobriu os tesouros de ternura que havia nele. Foi uma grande lição. Não serei engolido por minha emoção se a examinar: pelo contrário, estou sendo engolido porque não sei o que a emoção me diz. Relacionar-me com o que sinto é extremamente libertador: uma vez reconhecida a emoção, ela se acalma.

Método nº 3: colocar suas doenças em palavras

Escreva! Pegue um papel e anote, sem julgamento, o que passa por seu coração. Ponha palavras em sua emoção, no que você sente, no que experimenta, em estado bruto. Explore sua experiência. Você logo introduzirá espaço, distância em relação a esse sentimento. Formular obriga a examinar, a compreender, a explorar. Isso vai direto no que você sente, sem o oprimir. Você também pode escrever uma carta ou um e-mail para si mesmo! Verá que logo seguirá em frente: não será mais um prisioneiro dessa emoção, mesmo que ela permaneça, mesmo quando ela for justa. Esse distanciamento é uma etapa essencial da inteligência emocional.

Método nº 4: colocar-se no lugar do outro

Durante uma reunião de trabalho, minha colega despejou sua raiva em mim. Eu havia cruzado com ela ao chegar, pela manhã, e ela já estava com os nervos à flor da pele. Em vez de culpá-la, de odiá-la e de remoer aquilo, coloquei-me no lugar dela. Conheço seu temperamento explosivo. Ouvi-a contar sobre os problemas que enfrenta na família. Entendo que essa raiva não foi dirigida a mim, embora eu fosse seu destinatário: ela estava, na verdade, gritando com seus filhos, com seus problemas, com sua vida. A raiva dela não é aceitável, e eu lhe direi isso. Ela me feriu, e eu honro a emoção que sinto, mas não sou prisioneiro dela. Sou livre dessa emoção. Não vou remoê-la e estou suficientemente aliviado para poder, de vez em quando, lembrar minha amiga de que sua raiva pode se virar contra ela.

PARA LEMBRAR

- A teoria cartesiana, que opõe as emoções à razão, que há muito nos desviou, é hoje varrida pelas descobertas dos neurocientistas.
- A inteligência emocional não consiste nem em aceitar suas emoções, nem em rejeitá-las, mas em considerar que elas têm um potencial valioso que merece ser reconhecido e explorado.
- Essa inteligência é crucial para o hipersensível e pode ser aprendida.
- Há métodos com os quais todos podem treinar explorar suas emoções para desfrutar da sabedoria.

EXERCÍCIO

Se algumas pessoas hipersensíveis lamentam ser oprimidas por suas emoções, outras conseguiram, recorrendo ao falso *self*, distanciar-se inteiramente delas, sofrendo por terem perdido o acesso a seu coração. Essas emoções não desapareceram: elas existem, elas ainda estão lá, mesmo que estejam bem escondidas.

Em ambos os casos, a melhor maneira de ter uma relação pacífica com as emoções é através da experiência corporal. Ouça seu corpo, leve a sério os sinais que indicam uma emoção: coração batendo um pouco mais rápido, bochechas ficando vermelhas, suas mãos geladas, tensão na garganta.

Descubra a que correspondem esses sinais para você.

Ao se questionar, você descobrirá uma agitação, uma comoção, uma alegria.

Cultive tais sinais para se reconectar com suas emoções. Elas são essenciais para você.

CAPÍTULO 9
CÉREBRO

> A hipersensibilidade não é apenas uma questão de psicologia: ela está escrita em nosso corpo

Francis Taulelle é pesquisador em físico-química de materiais e especialista em ressonância magnética nuclear no Instituto Lavoisier de Versalhes. Referência mundial em sua área, embora aparentemente devotado ao estudo da matéria, interessou-se pelos fenômenos de transe e, mais amplamente, pela hipersensibilidade. Ele nunca usa essa palavra sozinha: ninguém, ele me disse, é hipersensível no absoluto, isto é, hipersensível a tudo. Tem-se uma sensibilidade mais ou menos fina a um ou mais elementos – barulho, toque, gosto.

Para explicar as variações individuais no grau de sensibilidade, ele parte de um exemplo que a maioria de nós já experimentou: a percepção das cores. Um quadrado vermelho-vivo é percebido como vermelho por todos. Se diluirmos gradualmente a cor com o branco, chegará um momento em que a maioria verá apenas um quadrado branco; mas alguns ainda o verão vermelho. A sensibilidade a cores também pode se relacionar com a percepção da resolução: alguns são capazes de distinguir diferentes tons de vermelho onde a maioria vê "apenas" vermelho. Essa hipersensibilidade pode ser trabalhada. Aprende-se, por treino, a refinar a visão, o olfato, a audição – os "narizes" da perfumaria, hipersensíveis a odores, ou os enólogos, hipersensíveis a sabores, são exemplos perfeitos. À medida que essa aprendizagem progride, novas sinapses, ou seja, novas conexões neurais, são criadas. Francis Taulelle é categórico: esse desenvolvimento neural é semelhante para todos os tipos de hipersensibilidade, incluindo a emocional. Há um campo mais peculiar ao qual ele se dedica há anos: a atividade do cérebro em conexão com os estados que chamamos, provavelmente de modo errado, de "estado de consciência alterado". Uma ideia comum é que usamos apenas 10% de nossa capacidade cerebral. Ora, ele me disse, a atividade cerebral é facilmente medida com dispositivos como eletroencefalogramas. E, por mais paradoxal que possa parecer, usamos entre 80% e 90% das capacidades de nosso cérebro quando estamos acordados… e 100% durante certas fases do sono.

Francis Taulelle questionou esse enigma antes de encontrar a chave: 90% de nossos circuitos cerebrais, disse ele, são subconscientes. Os mais conhecidos são os circuitos simpático e parassimpático, que funcionam em modo autônomo para ativar a circulação sanguínea, a digestão e a respiração. E ainda há outros. Quando estamos acordados, a consciência ordinária se expressa massivamente para dominar a maioria de nossas atividades: eu como, eu dirijo, eu trabalho. Eu sei o que estou fazendo. Os circuitos subconscientes que não são vitais são então inibidos, de modo a não entrar em conflito com os circuitos da consciência ordinária e nos permitir focar uma ação. Por outro lado, quando dormimos e a consciência também está sonolenta, eles têm liberdade para se desdobrar e funcionar a pleno vapor. Daí os 100% da atividade cerebral se manifestam.

Esse mecanismo tem um fundamento fisiológico: nosso sistema nervoso funciona tentando não ser obstruído por sinais elétricos que se opõem uns aos outros – na filosofia, isso é chamado de "contradições", na biologia, de "curtos-circuitos". Se ele suspende os sistemas subconscientes, é para evitar esses fenômenos. Mas às vezes ele não consegue fazê-lo com perfeição. Os sinais vão em todas as direções, não são controláveis, e esse estado resulta em uma crise de epilepsia. Em menor grau, quando existem alguns poucos sinais que colidem sem extravasar, tem-se como resultado os fenômenos da hipersensibilidade: percebe-se o que não se deve perceber.

No hipersensível, continua Francis Taulelle, a consciência ordinária é menos árdua, menos inibidora do que em pessoas menos sensíveis. Mesmo quando o indivíduo hipersensível está focado em uma tarefa, os circuitos subconscientes permanecem atentos, de forma mais ou menos significativa, e permitem refinar a percepção para além da tarefa realizada.

Existem também estados que permitem reduzir a inibição dos circuitos subconscientes, ou seja, deixá-los acordados. Um artista criando uma obra, um caminhante solitário em uma floresta, mas também microdoses de LSD ou ainda o transe, se abrem para um sentido de presença, sem que a consciência esteja em primeiro plano. A atenção é mais fraca, mais difusa, está numa espécie de imponderabilidade. Esse não é um ato da vontade, que é a superativação da consciência ordinária, mas o início do que o pesquisador chama de "cenário de observação": ele consiste em focar atenção suficiente na consciência ordinária para que ela não se oponha aos circuitos subconscientes, mas olhe para eles.

Todos nós temos, ele me disse, a capacidade de conhecer esse estado, de desinibir nossos circuitos subconscientes quando estamos acordados, mas a maioria de nós escolhe, ao contrário, inibi-los. Em outras palavras, todos nós temos o poder de ser hipersensíveis, mas preferimos nos apoiar somente na atividade de nossa consciência ordinária.

A imagiologia por ressonância magnética (IRM), que usa um campo magnético e ondas de rádio, permitiu grandes avanços na exploração de nosso corpo e de nosso cérebro. Graças a ela, afirma o pesquisador, sabemos que os "receptores de emoções" existem em todo o nosso organismo, localizados nas membranas de certas células. Esses receptores reagem às emoções e desencadeiam mecanicamente uma modificação da célula: eles "colocam o psíquico no corpo". Seria por esse meio, entre outros, que um choque emocional desencadeia uma desregulação do organismo – cólicas, insônias, às vezes doenças graves.

Sem ter a prova formal à qual, como um bom cientista, permanece apegado, Francis Taulelle sugere que em certos indivíduos os "receptores de emoções" seriam particularmente desenvolvidos e/ou mais numerosos. Pesquisas estão sendo feitas com IRM, com uma marcação magnética, para tentar determinar de que forma nosso organismo é modulado pelos neurotransmissores. Elas se deparam com um obstáculo: a complexidade infinita de nossos sistemas biológicos, onde tudo está acoplado a tudo. "O efeito do bater de uma asa de borboleta é a base da racionalidade", diz o pesquisador com um sorriso, "mas nossa consciência ordinária tende a separar as coisas umas das outras".

Será que um dia alguém conseguirá entender o que, para ele, é a chave para o mistério da hipersensibilidade? "Para ir além, precisaríamos aumentar a sensibilidade de nossos aparelhos em quase um milhão de vezes. No momento, estamos visando dispositivos de 10 mil a 50 mil vezes mais sensíveis do que os que temos. Poderemos, nesse momento, ter pelo menos algumas respostas iniciais."

Antes de nos separarmos, faço a Francis Taulelle uma última pergunta, que me é muito cara: como é que um especialista da físico-química dos materiais se interessa pela hipersensibilidade e, mais amplamente, pelos fenômenos da consciência? "Eu me interessei pelo meu próprio caso. Há alguns anos, sofri uma compressão da medula espinhal que exigiu uma cirurgia muito delicada. Desde essa operação, eu mudei. Às vezes, como acontece com cães e gatos, sei com alguns minutos de antecedência que minha esposa está chegando em casa. No início, fiquei atordoado. Hoje, quando ela abre a porta, tem um chá que preparei esperando por ela. Não sou vidente, mas tenho percepções à distância, flashes. Eu venho das ciências duras, e isso me parece estranho: preciso entender como essa hipersensibilidade nasceu, que circuito biológico foi desinibido nas minhas células, em meu sistema nervoso, em meu organismo – porque é óbvio que todo o nosso corpo participa na percepção do que nos rodeia. Ínfimas mudanças celulares desenvolveram intensamente minha sensibilidade. Mas quais?"

Ele me lembra de que fenômenos como a telepatia têm sido ostensivamente estudados em grandes institutos, incluindo a Universidade de Princeton, nos Estados Unidos. Foi provado que a biologia de nosso corpo é capaz de emitir e receber ondas que foram medidas. "Essa capacidade pertence ao campo do subconsciente; 99,9% de nós ignoram que a possuem. Mas se treinarmos todos os dias, podemos cultivá-la. Sou testemunha disso, mas ainda não tenho uma verdadeira demonstração científica para apresentar."

PARA LEMBRAR

- Graças aos avanços na imagiologia médica, a ciência está começando a elucidar as causas da hipersensibilidade. Mas é só o começo.
- Inversão surpreendente: a hipersensibilidade aparece como o modo normal de funcionamento do cérebro. A hipossensibilidade seria uma restrição anormal de nossas capacidades.
- O hipersensível sabe, em um regime normal de atividade, como usar as informações subconscientes de forma otimizada, sem que elas sejam esmagadas pela atividade simultânea da consciência.
- Estar plenamente "em consciência" é um estreitamento da existência humana, do campo da vida.

EXERCÍCIO

Aprenda a colocar sua consciência entre parênteses.

Quando você comer, não restrinja sua mente ao seu prato, pelo contrário: liberte-se de sua consciência para descobrir um universo inesperado, permita-se vaguear, entrar em relação com suas intuições, suas memórias que afloram, suas emoções, sua imaginação.

Deixe-se deslocar, submergir.

Sua refeição se torna mágica porque você respira vida para dentro de si.

Comamos em hipersensibilidade, em vez de em plena consciência!

CAPÍTULO 10
FEITICEIRA

> O hipersensível é um extralúcido cujo conhecimento intuitivo muitas vezes assustou

Ao longo do tempo, a condenação social da hipersensibilidade assumiu por vezes formas perigosas, chegando à repressão.

Porque o hipersensível intriga. Ele sente demais, sabe demais, capta demais, se interessa por coisas demais. Seu conhecimento intuitivo e vivo vai além do quadro convencional e acadêmico. É fácil entender que ele possa representar uma ameaça à ordem social quando ela é regida por regras rígidas, que não se quer ver serem questionadas. O hipersensível é livre.

Houve uma época em que sua sensibilidade o levava à fogueira. Há alguns países onde os chamados feiticeiros e feiticeiras são vítimas de punição legal. Era o caso do Ocidente, há não muito tempo.

Por ter abraçado esse assunto, o historiador Jules Michelet também foi uma das vítimas. Aconteceu em 1862. Já autor de uma bela obra, ele estava prestes a publicar um novo livro, *A feiticeira*. Mas, na véspera do lançamento na livraria, sua editora, a Hachette, ficou com medo: todos os exemplares foram destruídos. Apenas um escapou da carnificina – ele está agora no acervo da Biblioteca Nacional da França.

Outro editor parisiense, Dentu, aceitou o desafio da publicação, com a condição de que certas passagens de *A feiticeira* fossem excluídas. As primeiras 9 mil cópias foram disputadas, mas o escândalo rebentou: as autoridades francesas proibiram a venda da obra, Roma a incluiu em sua lista de livros proibidos e o historiador perdeu sua cátedra no Collège de France.

Jules Michelet escreveu uma ode à feiticeira e, através dela, ao dom da sensibilidade. Não resisto à felicidade de citá-lo: "Ela nasce fada", escreveu ele. "Pelo retorno regular da exaltação, ela é Sibila. Pelo amor, ela é Mágica. Por sua delicadeza, sua malícia (muitas vezes fantasiosa e benfeitora), ela é uma Feiticeira e faz feitiços, pelo menos faz adormecer, engana os males".

Ele não tem palavras ternas o suficiente para descrever essa hipersensível: "Ela é *vidente* em certos dias; tem a asa infinita do desejo e do sonho. Para contar melhor os tempos, ela observa o céu. Mas a terra não tem menos importância em seu coração. Os olhos voltados para as flores amorosas, ela também jovem e flor, conhece-as pessoalmente. Mulher, ela pede a elas que curem aqueles que ama."

Jules Michelet teve a audácia de revelar faces inteiras da História para recordar que houve um tempo, no Ocidente, em que feiticeiras e feiticeiros eram integrados à vida de um vilarejo. A sensibilidade exacerbada e a receptividade às vibrações e às intuições os mantêm em relação com uma fonte de vida. Por sua proximidade, ou mesmo simbiose, com a natureza, pelo conhecimento das plantas, eles eram curadores – Michelet vê neles os precursores da medicina.

A sabedoria deles será uma das causas de sua rejeição. A desconfiança em relação a eles se cristalizou no Renascimento, quando a exploração do mundo passou para as mãos dos estudiosos. Universidades são criadas nas grandes cidades do Ocidente, as doenças são descritas e classificadas, a cirurgia tem um progresso fantástico, o microscópio e a impressão são inventados, a ciência afirma se separar dos mistérios, ou pelo menos conseguir explicá-los. Tudo isso argumenta em favor da criação de uma casta de pesquisadores que monopolizam o conhecimento. A racionalização funciona com sua visão binária da realidade, em preto ou branco, em bem ou mal.

É o golpe de misericórdia para as feiticeiras e os feiticeiros, cuja hipersensibilidade lhes permite perceber, entre o preto e o branco, não só todos os tons de cinza, mas centenas de cores. Livres, por natureza, das categorias habituais do bem e do mal, são dotados de um poder às vezes positivo, outras vezes negativo, à imagem das antigas divindades, que carregavam essas duas faces, à imagem da complexidade do real tal como ele é. Inevitavelmente, esses estranhos personagens enfeiam uma sociedade que agora se quer organizada, que começa a se padronizar. Eles ameaçam o equilíbrio. Os primeiros rumores sobre seus laços com o diabo começaram então a se espalhar.

Jules Michelet não usa palavras suficientemente duras para falar da Igreja, que travou uma guerra contra esses personagens fora do comum, odiando-os por sua hipersensibilidade, julgando-os, condenando-os e queimando-os nas fogueiras da Inquisição no século XVII – é preciso lembrar que 30% dos condenados por bruxaria eram homens? Isso é demais para a época: o historiador é condenado... por obscurantismo.

A rejeição à feiticeira foi acompanhada, mais amplamente, pela rejeição ao feminino, ao qual a hipersensibilidade será, erroneamente, associada. Um modelo masculino fantasioso é erigido, construído por força, virilidade, inteligência. Todos os homens são convidados a se adequar, correndo o risco de ser excluídos, condenados pela sociedade e pelas leis. A mulher perde todos os seus direitos. Sensível demais, e por isso considerada fraca demais, ela deve agora ser protegida, sobretudo de suas emoções, de suas intuições. Seu enclausuramento no chamado modelo feminino (e no abrigo do lar) se torna um meio de domesticá-la. No início do século XX, inventarão até uma doença específica para ela, a histeria, uma palavra forjada a partir do útero.

Só nos anos 1950 é que *A feiticeira* de Michelet sai do esquecimento, graças, em parte, a Roland Barthes. Filósofo e semiólogo – a semiologia é uma disciplina dedicada ao estudo dos signos –, Barthes percebe que o reconhecimento das feiticeiras é o reconhecimento do direito à sensibilidade de que nossas sociedades tanto necessitam. Ele é fascinado por Michelet, que aceitou, contra tudo e contra todos, ser impressionado, tocado, movido por seu tema. Em *A feiticeira*, Barthes vê uma história de inteligência e compromisso. E ele não está errado. A reabilitação de *A feiticeira* perturbará as consciências. Percebe-se então que o feminino que está em cada um tem uma relação de verdade com o mundo, portanto, um poder sobre o mundo, uma vez que é capaz de apreendê-lo, de compreendê-lo. Reconhece-se que aquela que fala com a natureza é também aquela que conforta, que ajuda, que cuida dos outros. Aquela que, segundo escreveu Michelet, "entrará nas ciências e trará doçura e humanidade, como um sorriso da natureza".

Apesar dessa tomada de consciência real, permanece em nossas sociedades uma impossibilidade de considerar a hipersensibilidade uma modalidade de presença no mundo legítimo e fecundo, que deve ser encorajada. Certamente, o imaginário coletivo já não pretende mais queimar feiticeiros e feiticeiras, mas considera mais prudente mantê-los afastados e, no fundo, despreza-os. Ele lhes reserva, por exemplo, as profissões do *cuidar*, em que trabalham esses homens e, especialmente, essas mulheres que cuidam de nós, de nossos filhos, de nossos idosos, de nossos doentes, mas que são muito mal pagos e mal reconhecidos. Outra ilusão! Na realidade, como veremos nos capítulos seguintes, os hipersensíveis são os que sempre fizeram o mundo girar.

A reabilitação da feiticeira é a reabilitação de nossa própria relação com a hipersensibilidade, com uma dimensão humana que, felizmente, vai além do feminino e diz respeito a todos. Amanhã, ela será a pedra angular de uma mudança de paradigma sem a qual o mundo não sobreviverá. A feiticeira e o hipersensível são os únicos verdadeiros detentores do poder de agir, de criar, de avançar, porque são os únicos capazes de ouvir, de ver, de sentir o que os outros não ouvem, não veem, não sentem.

Aceite esse fervilhar em você, essa preocupação com o outro, com o mais fraco, com essa estranheza que constitui o centro da vida.

PARA LEMBRAR

- O processo das feiticeiras e dos feiticeiros foi, no Ocidente, o da hipersensibilidade, que colocava em perigo o frio racionalismo, que supostamente seria o único capaz de fazer a humanidade avançar pelo caminho do progresso, mas que se baseia, na realidade, no dogmatismo e no medo de qualquer alteridade.
- Esses personagens têm a característica de serem ativos no campo do sensível: para eles, o mundo acena, eles trabalham o mundo, eles se entendem secretamente com o mundo.
- A reabilitação da imagem da feiticeira é também a reabilitação de nossa própria relação com a hipersensibilidade e, mais amplamente, com nossa humanidade.

EXERCÍCIO

Deixe de lado seu filtro mental e tenha a audácia de se conectar com uma força de vida antiga, original e profunda.

Para isso, existem vários caminhos, vários rituais. Descubra aqueles que fazem mais sentido para você.

Por exemplo, observe a lua todas as noites durante vinte e oito dias. Sinta a energia que ela lhe dá de acordo com as suas diferentes fases, lua cheia ou crescente. Pouco a pouco, ao se exercitar, você se tornará sensível ao misterioso impacto do astro em nossa vida.

Caminhe descalço pela grama ao amanhecer. Entre em contato com o orvalho debaixo de seus pés. Sinta como isso liga você à terra, que te sustenta e alimenta. Sinta a vida renascer sob seus pés, em suas pernas, seu corpo, sua mente.

Recolha algumas plantas, espinheiro, pinha, funcho. Vá ao encontro da riqueza e do poder do vegetal, de seus muitos efeitos sobre nosso estado de espírito e nossa saúde.

CAPÍTULO 11
EU PENSO DEMAIS

Por que as pessoas hipersensíveis precisam pôr ordem em sua mente

Mas o que acontece na cabeça dos hipersensíveis? Em situações em que outros são capazes de se concentrar em uma única ideia e "aprofundá-la", pessoas com hipersensibilidade já estão na décima, que muitas vezes contradiz a primeira ou os faz esquecê-la, despertando novos pensamentos, outros desejos – ou outras ruminações. Esse caos é muitas vezes desgastante; seria preferível ficar em silêncio, mas cada palavra, cada gesto, cada reação, cada escolha, cada pergunta é uma nova possibilidade, um novo abismo, uma nova oportunidade para pensar mais, sem qualquer restrição.

O funcionamento da mente hipersensível é singular. É o pensamento das mil e uma noites, em que cada história contada por Sherazade é associada com a próxima, que, no entanto, parte em outra direção, para outro universo e em uma ordem que desafia as regras da lógica ordinária para tes temunhar o borbulhar de uma inesgotável energia criativa.

Essa intensidade é certamente exaltante, mas também pode conduzir a impasses. Um de meus amigos me descreve quanto lhe custa organizar um jantar em casa: "Vejo instantaneamente tudo o que tenho de fazer: decidir o menu, fazer as compras, planejar as bebidas, arrumar a casa, cozinhar, pôr a mesa, pensar na disposição das pessoas na mesa... O problema é que tudo surge ao mesmo tempo no meu cérebro e meu perfeccionismo me faz entrar em pânico diante da dimensão da tarefa: não conseguirei fazer tudo bem-feito. Especialmente porque para cada ação, vejo todas as possibilidades, todos os problemas que podem surgir, pondero as estratégias, mudo de ideia porque surge outra melhor, me perco, hesito, procrastino, não sei como ou por onde avançar. Estou esmagado, imobilizado por tanta intensidade. Acabo sempre por desistir e me culpo por isso. Eu fico remoendo essa desistência e perco o sono".

Conheço muitas outras pessoas para quem organizar um jantar é tão fácil como colocar uma carta na caixinha do correio. Elas sabem antecipadamente como proceder e em que ordem. Sua mente é como um túnel; extremamente racional, ela ordena, classifica, hierarquiza sem ser perturbada por pensamentos subsidiários. Ela não deixa o menor interstício através do qual o caos pudesse penetrar. Mas um pequeno grão de areia pode obstruir esse túnel que ignora a fantasia. E isso é catastrófico, já que, de tanto organizar e planejar, essa mente não sabe mais lidar com o inesperado.

Sistematizado, ele se torna insensível. Exagerado, o espírito das mil e uma noites também corre riscos, sendo o principal deles se perder pelo caminho, andar em círculos e ruminar. Então, desistir. Não por preguiça, nem procrastinação, mas por submersão. Enquanto não conhece seu "modo de usar", o hipersensível perde seus meios, sempre entusiasmado, mas incapaz de realizar suas múltiplas tarefas até a conclusão. Quando é recorrente, esse cenário se traduz em ansiedade, fadiga e preocupação e conduz, em longo prazo, a uma fragilidade dolorosa.

Muitos nos invejam pela permanente explosão de ideias que caracteriza o espírito das mil e uma noites. É um bem precioso, desde que não gastemos uma energia fenomenal para tentar colocar ordem nessa multiplicidade. Porque essa é, ao mesmo tempo, nossa força e nosso ponto fraco: pensamos em todos os sentidos, mas queremos dar sentido a cada pensamento, compreender o caos em nossa mente e, de um modo mais geral, o que acontece conosco.

Conhecemos os conselhos dados em tais situações: ser mais calmo, "esvaziar" a cabeça, tentar se controlar. Eles são em vão, são nocivos. O hipersensível não pode, pelo simples ato de sua vontade, "preencher o vazio": outras informações, outras ideias surgem constantemente, se atropelam, duvidam das soluções que tinham sido previstas. Enquanto ele tenta se acalmar, elas giram freneticamente em círculos.

Eu estava assim até saber como nomear o que estava experimentando. A armadilha que montaram para mim, sem qualquer segunda intenção, foi a clássica "confie no que você sente". Essa sugestão, por mais sensata que fosse, me fazia mergulhar numa confusão total: eu passava horas me perguntando se minhas intuições estavam certas... e tendo outras ideias, outras fulgurâncias que me sufocavam.

A confiança é aprendida com o tempo, mas não é o primeiro passo para coexistir em harmonia com o pensamento das mil e uma noites. Você não pode fugir de sua sensibilidade. E por que o faria? Ela é um maravilhoso trunfo. Você também não pode negar a experiência que vive, que o habita, que está dentro de você sem ser você, que o ultrapassa. Ela também é a experiência da liberdade, o estado mais adequado para negociar com a complexidade da realidade.

Mas acontece que, em vez de se sentir livre e viajar, você se sente sufocado. Eu conheci esse sentimento. Embora não seja um grande admirador de Descartes, foi em *Discurso do método* que encontrei a solução. Trata-se de uma técnica que ele concebeu considerando o caso de viajantes perdidos em uma floresta, como você pode estar em seus pensamentos. Eles "não devem vagar, girando de um lado pro outro", escreve ele, "e menos ainda parar em um lugar, mas sempre andar o mais direto possível para o mesmo lado. [...] Eles chegarão, pelo menos, ao fim de algum lugar, onde presumivelmente estarão melhores do que no meio de uma floresta".

O hipersensível é semelhante a esses viajantes. Atormentado por seus pensamentos, ele quer seguir por todos os caminhos ao mesmo tempo, receoso de perder o caminho "certo", aquele que o levará ao seu destino. Você também procura encontrar todas as soluções ao mesmo tempo. Tente avançar passo a passo, em uma só direção. Portanto, passe para a ação, que é a única maneira de parar de andar em círculos. Não deixe que os outros pensamentos que o rodeiam o distraiam: despeça-se deles e deixe-os partir. Você oferecerá um jantar e não sabe como fazer isso? Primeiro pense apenas no seu menu e faça a lista de compras. Depois você cuidará do próximo problema. Aplique essa técnica com "método". Em vez de se deixar dispersar, persevere, trace seu plano, pelo menos para chegar a algum lugar. E não importa se não foi exatamente esse o destino que você definiu para si mesmo: como Descartes diz, "isso permitiu me deixar livre de todos os arrependimentos e remorsos".

Uma estratégia complementar é a lista das coisas por fazer, a lista de tarefas a serem realizadas, ou seja, o caminho a ser traçado para sair da floresta. Essa estratégia se tornou automática para mim. Escrevo tudo o que tenho de fazer, de forma aleatória, sem elencar as prioridades. Eu tomo cuidado para que a lista não seja muito longa, senão eu me perderia. Curiosamente, depois de anotar uma tarefa no papel, eu paro de pensar nela – ou penso muito menos. O fato de escrever me alivia a mente: eu escapo do risco de ficar remoendo que espreita um hipersensível. Então, com a folha de papel à vista, confio em alguma coisa que trabalha dentro de mim. Eu me permito, assim, entrar em sintonia com cada uma das tarefas. Em algum momento, sinto que estou pronto, e o que parecia insuperável ou desagradável torna-se mais fácil e até agradável. É paradoxal, eu sei. Mas, como todo hipersensível, eu consigo mais facilmente fazer tudo o que tenho de fazer quando não coloco mais pressão sobre mim, quando confio mais em minhas capacidades.

Quando você se sentir oprimido por seus pensamentos, não os tente parar de imediato. Pode parecer paradoxal, quase insensato, mas confie na explosão de sua mente das mil e uma noites. Aliás, essa explosão de pensamentos é o fundamento dos seminários de criatividade em que os participantes são convidados a ousar imaginar, viajar, inventar, associar para dar um novo impulso a uma questão, a um assunto, a um tema.

Repare em tudo o que vem à sua mente, sem julgar. É um belo sinal de confiança em relação ao que funciona para você. Tome esses poucos minutos que lhe darão novas perspectivas sobre a situação. E, depois, deixe acontecer! Então você chegará ao auge do trabalho. Em seguida, você só terá de subir em seu tapete voador, que saberá levá-lo ao seu destino.

PARA LEMBRAR

- O hipersensível pensa demais. Ele é dotado de um espírito das mil e uma noites que o conduz a todos os tipos de universo. Essa viagem pode ser uma explosão, mas às vezes esgota e dá a impressão de andar em círculos.
- Nesse caso, assuma uma restrição que lhe dê ordem, clareza. Não se trata de se opor ao seu espírito das mil e uma noites ou de tentar controlá-lo, mas de apontar um caminho para ele.
- Dois métodos complementares ajudam você a colocar ordem na desordem: a técnica metódica de Descartes e a lista de tarefas por fazer, que liberta sua mente.

EXERCÍCIO

Você nem sempre confia no seu espírito das noites árabes, e menos ainda em seu tapete voador. Mas todos os criativos invejam você! Aprenda a desenvolver isso e, para tanto, atreva-se a sentar com seu problema, em seu tapete, e colocar entre parênteses qualquer tentativa de julgamento.

Deixe a explosão acontecer.

Se você não tiver sucesso sozinho, trabalhe em par: chame uma pessoa que não conheça o assunto e que lhe fará as perguntas certas, ou seja, as mais simples e ingênuas.

Vá em todas as direções, escreva o que lhe vier à mente.

Você colocará ordem em um segundo passo, e então passará facilmente à ação.

CAPÍTULO 12
ANCORAGEM

> Como encontrar recursos em si mesmo, apoiando-se em sua hipersensibilidade

Tive a oportunidade de conhecer François Roustang, um personagem extraordinário, antigo jesuíta que se tornou psicanalista e depois hipnoterapeuta, falecido em 2016. Roustang tinha iniciado uma abordagem inédita de hipnose terapêutica baseada no "estar aqui". Um princípio simples, que pode até parecer simplista, mas que é de fato um caminho iniciático, uma mudança de ordem, de regime, que consiste em retornar muito profundamente, muito radicalmente ao que significa "estar onde se está".

Encontrei-o pela primeira vez numa conferência sobre hipnose e meditação, na qual ambos falaríamos. Eu estava começando minha investigação sobre hipersensibilidade, e sua teoria ia na contramão do que eu lia e ouvia a respeito do assunto. Ela se resumia em uma frase: "Só se pode viver com sua hipersensibilidade ajudando-a a desabrochar".

A chave, ele acrescentou, não reside na compreensão desse fenômeno; buscar compreender é um ato de razão que aqui é impotente. Não se convence um hipersensível a se tornar menos sensível; dessa maneira, só se consegue agravar seus problemas, uma vez que ele não conseguirá fazê-lo e se sentirá ainda mais contrariado. A hipersensibilidade não é "regulada" por um ato de vontade. A técnica que ele havia adotado com seus pacientes era surpreendente: ele lhes pedia que se sentassem. E é isso. Mas se sentar com o corpo inteiro, com todo o seu ser, numa cadeira, numa poltrona, na situação em que nos encontramos, na própria vida. Estar absolutamente ali, sincronizado com seu corpo, sem tentar entender ou resolver nada. Você está perdido, está preocupado? Sente-se exatamente como está nessa poltrona. Consinta em estar plenamente onde você está, ancorado em uma intensidade de presença.

Fui até a casa dele, intrigado.

— Sente-se nesta poltrona — ele se limitou a me dizer.

Ele me observou por alguns momentos em silêncio.

— Não, o senhor não está sentado, o senhor está sobre o seu corpo. O senhor está pensando. Pare de pensar.

Ele me olhava e eu deslizei. Aterrei como uma pedra naquela poltrona. Abandonei meus pensamentos. Era somente eu, sentado naquela poltrona. Alguns minutos, não sei dizer exatamente quantos, se passaram. De repente, um clique ocorreu; eu estava sentado em minha vida, no centro de minha vida. Parei de tentar controlar. Não esvaziei a cabeça, mas parei de querer compreender, de querer julgar. Além disso, não havia nada para entender, só para fazer. E eu chorei. Eu estava me reconciliando com tudo o que acontecia dentro mim, em minha vida, com minha dor, meu medo, minhas angústias. Eu sentia tudo se dissolver como um comprimido de aspirina num copo d'água.

Não é fácil se sentar onde se está, não ficar de pé, não olhar para si mesmo. Não é óbvio desistir quando sempre lutou e apenas estar ali. O hipersensível se esgota tentando encontrar estratégias para lidar com as situações de sua vida, mas essas estratégias só adicionam mais lenha na fogueira. Naquela poltrona, entreguei minhas armas. Eu parei de pensar: quando você pensa, já não está mais lá, você está apenas em sua cabeça. No entanto, como repetia François Roustang, nenhuma reflexão jamais trouxe uma solução. Foi também isso que lhe rendeu uma bela manifestação de oposição: sua abordagem, que não compreende com a cabeça, mas que lida com todo o corpo, com todo o ser, leva à resistência de forma inevitável, pois vai na contramão do que sempre nos foi afirmado.

Na realidade, essa técnica consiste em se reconciliar com sua hipersensibilidade, curar o que é doloroso nela, trabalhando com ela, e não contra ela. A ancoragem é um método para se abrir ao que François Roustang chamou de "percepção ampliada", em oposição a "percepção restrita".

A percepção restrita é da ordem da concentração: eu restrinjo minha atenção a um caso, a um problema, depois a outro caso ou a outro problema, em detrimento de tudo o que é periférico. A percepção ampliada consiste em estar inteiramente em relação com o que existe, num estado de vigilância total. É estar plenamente, confiando na totalidade do que percebemos, do que sentimos. Essa dimensão da presença tem uma rara virtude para o hipersensível: ela acalma radicalmente suas queimações, seus tormentos.

É um modo de acesso privilegiado ao que o psiquiatra norte-americano Milton Erickson, que dedicou muitos trabalhos à hipnose clínica, chama de "o inconsciente". Um in consciente que tem pouco a ver com o descrito por Freud. O inconsciente ericksoniano não é um "reprimido obscuro", mas um "reservatório luminoso" onde estão localizados todos os nossos recursos internos, nossos saberes, nossas potencialidades latentes que só querem se expressar. Esse inconsciente tem o seu próprio modo de funcionamento. Ele sabe raciocinar e encontrar soluções sem estar ciente disso. E ele sabe como fazê-lo: ao longo dos anos, ele acumula um enorme *savoir-faire* de nossas experiências, nossas conquistas, nossos fracassos, nossos sucessos. Além disso, não é incomum que ele tenha a solução de um problema enquanto nossa consciência ainda a está procurando. É um tesouro inexplorado que negligenciamos.

Ao se ancorar, você se reconecta com essa magnitude, você se ressincroniza com a vida, com seu poder, com o possível, com seus recursos. Você faz as pazes com a dimensão da hipersensibilidade inerente a toda a existência humana. Você resolve seus problemas se acomodando, porque está disponível novamente.

PARA LEMBRAR

- Nós nos esgotamos tentando resolver nossos problemas e buscando tranquilidade, mas ninguém jamais encontrou tranquilidade por simples força de vontade. Nós nos tranquilizamos quando deixamos de querer nos tranquilizar e descansamos.
- Nossas sociedades dedicaram tudo à compreensão. Mas será que às vezes não há nada para entender e apenas para fazer, a partir de outra relação com a existência?
- Confiar na vida, no presente, sem esperar nada, sem procurar nada, é a única receita mágica que conheço. O mais difícil é aceitar isso.

EXERCÍCIO

Sentar-se, ancorar-se pede coragem porque você acha que isso é complicado. No entanto, é simples.

Confie no simples, no fato de que o presente não lhe é hostil.

Sente-se, tire um momento para estar ali, diante de seu problema, dentro da situação.

Deixe as forças da vida trabalharem dentro de você.

É um momento desconcertante, você vai querer resistir.

Ancore-se como uma pedra e espere.

CAPÍTULO 13
CORAÇÃO

> Os caminhos de nosso coração são surpreendentes e misteriosos

Uma das razões para a negação da hipersensibilidade é a profunda ruptura de nossa época com o próprio coração. Dessa forma, imaginamos ser mais eficientes; na realidade, nos fechamos em um sofrimento profundo e no desamparo.

Nos últimos anos, surgiram todos os tipos de métodos de autogestão concebidos para supostamente promover a abertura do coração. Não faço juízo de valor a respeito de nenhum deles, mas lamento que a maioria utilize técnicas que não podem funcionar. É contraditório. Não podemos decidir abrir o coração como faríamos com a porta de um carro. Um coração só se abre de maneira surpreendente, quase por acidente.

A abertura do coração é uma história de vida. Uma amiga deixou seu cachorro comigo, um pequeno *chihuahua* que, durante uma semana, me acompanhou em todos os meus compromissos, incluindo a visita a um ente querido numa unidade de internação psiquiátrica.

Estávamos sentados no jardim da unidade, o cachorro no meu colo, quando uma paciente, visivelmente agitada, se aproximou de nós. Ela me perguntou se o cão a morderia.

Eu a tranquilizei: ele era incapaz de morder alguém. Ela avançou calmamente, estendeu a mão e o acariciou. O cachorro ficou imóvel sobre o meu colo e depois lambeu a mão dela. A cena parecia acontecer em câmera lenta, limitada ao contato sensorial entre esses dois seres. Ela o acariciava e lágrimas escorriam de seus olhos. Uma fenda se abria nela, deixando a passagem livre para suas emoções, para uma afetividade genuína. De repente, ela compreendia que o mundo não lhe era totalmente hostil, que ela tinha o direito de estar neste mundo, que ela poderia voltar à sua vida.

Não sei se essa mulher era hipersensível, mas, ao se emocionar com um cachorro que a lambia, ao acordar para os seus sentidos, ela tinha acabado de ser reintegrada à sua dimensão humana fundamental. Alguns dias depois, pedi notícias dela a um enfermeiro. Ele me confirmou que, desde aquele episódio a que ele havia assistido, ela estava menos agitada, via televisão com os outros e conversava com eles.

Essa historieta me esclareceu um fenômeno central: o poder da sensorialidade original, instintiva, não pensada. Ela é a terceira dimensão de nossa humanidade, ao lado das dimensões cognitiva e emocional, mas tendemos a negligenciá-la, a desprezá-la. Será que é porque não pode ser traduzida em palavras?

Ela sempre se revela por invasão, por acidente, não se programa, não se decide. Quando acontece, só pede para florescer, para nos regenerar, para nos curar. É uma experiência de hipersensibilidade que é oferecida a todos, desde que se abandone a tentação do controle. Ela transborda do campo da sensibilidade, invade o cognitivo, o emocional, o afetivo. Faz de nós animais, faz de nós humanos, reintegra-nos à nossa própria humanidade. É a humanidade palpável, tangível, sensível, estranha, singular.

Uma vez conheci o diretor de uma multinacional, um homem com uma carreira exemplar, de acordo com os critérios de nossa sociedade: multidiplomado em grandes universidades, executivo aos 25 anos, crescendo na carreira na velocidade da luz até alcançar o topo. Além de seu trabalho, ele não tinha nenhuma paixão, nenhum sonho. Um dia sua irmã sofreu um acidente e ele a hospedou por um tempo em sua casa; ela estava com a filha, uma menininha de 2 anos, muito esperta e divertida. O contato dele com a garotinha se limitava ao mínimo necessário. Ele obviamente não tinha tempo para cuidar dela e, embora a achasse adorável, só não queria ser incomodado em seu trabalho.

Uma bronquite malcurada quase levou a pequena embora. Febre altíssima, asfixia: despertado por sua irmã no meio da noite, ele as levou para o hospital. A situação era grave. Por uma razão que não sabe explicar, ele ficou com sua irmã na emergência. No início da manhã, ela adormeceu, e ele se pôs a observar o vaivém das enfermeiras. Elas seguravam a mão da criança, inconsciente, acariciavam-lhe a testa. Quando uma delas começou a cantar uma canção de ninar, os olhos dele marejaram. Em vez de conter as lágrimas, como de costume, ele as deixou fluir. Ele tinha sido tocado no coração de uma forma inesperada.

Eu revi esse homem alguns meses depois; ele já não era o mesmo. Estava participando de um seminário de meditação, o que me pareceu incongruente. Tivemos a oportunidade de conversar sobre isso. Ele me contou a respeito do momento desencadeador de sua metamorfose: a canção da enfermeira. Lembranças retornaram à sua memória, ele foi tomado por uma emoção intensa. Ele tinha se entregado à alegria de ouvi-la. A vida, que estava bloqueada dentro dele, tinha se libertado. Naquele dia, ele não chegou ao escritório às 7h30, como todas as manhãs. Ficou ao lado da irmã, junto da criança. Tinha voltado a ser humano.

O hipersensível tem a sorte de viver essas experiências com mais frequência que os outros. Às vezes elas são estranhas, despertam reações objetivamente irrefletidas, mas são salutares porque nos libertam das grades e da zona de conforto, nos fazem sair da rotina, pressagiam o maravilhoso que compõe a vida.

O historiador Jules Michelet conta que Saint Louis, o rei da França, não recebeu o dom das lágrimas e que sentia falta delas: ele era incapaz de ser tocado na profundidade de sua existência. Um dia, não se conhece exatamente as circunstâncias, ele finalmente sentiu suas lágrimas caírem. "Elas lhe pareceram tão saborosas e doces, não só para o coração, mas também para a boca." A tradição cristã fala, com razão, da graça benfazeja das lágrimas, *gratia lacrimarum*: primeiro essa graça brota na alma, para irrigá-la e curá-la da seca, estado que hoje é chamado de depressão. Em um segundo momento, as lágrimas chegam aos olhos e começam a escorrer.

Quando tudo parecer fechado diante de você, quando tiver a impressão de estar preso, deixe-se levar a um momento de hipersensibilidade que, sozinho, pode desvendar tudo. Aceite a possibilidade de uma solução que virá do simples fato de que seu coração será tocado. Permita que essa experiência vá até o fim. O alívio virá.

PARA LEMBRAR

- Não tente abrir seu coração: nenhum artifício lhe permitirá fazê-lo, pois o coração e o amor não podem ser fabricados. E isso é uma boa notícia.
- Deixe a vida trabalhar em você. Dê uma chance ao inesperado, à surpresa, ao encontro com seu coração.
- Não rejeite as lágrimas, elas são mel.

EXERCÍCIO

Todos os dias você tem a oportunidade de ser tocado, mas você é muito apressado, não presta atenção nisso, julga esses incidentes anedóticos ou desinteressantes. Porém, você está errado.

Um fato insignificante o interpela? Dê espaço para esse momento, em vez de passar reto por ele. É assim que você cultivará o acesso ao seu coração.

Para saber se foi tocado, você espera ressoar a "Quinta Sinfonia" de Beethoven. Mas, na vida real, ela não ressoará porque você viu a primeira flor da primavera ou porque a vendedora lhe deu três maçãs.

Entretanto, são esses pequenos fatos, na realidade imensos, que ditam o maravilhoso da vida.

CAPÍTULO 14
JACÓ

> Como assumir responsabilidades quando se é hipersensível

Uma coisinha frágil, o hipersensível? Não é o que a Bíblia diz quando se refere aos três grandes patriarcas escolhidos por Jeová para selar um pacto: Abraão, seu filho Isaac e seu neto Jacó. Imaginamos esses personagens imponentes, carismáticos, fortes. Líderes a quem cabe o papel de forjar uma nação. Jacó, o terceiro patriarca, não é nada disso. Ele é a mais hipersensível de todas as figuras bíblicas. Sua história, contada há quase dois mil e quinhentos anos no Gênesis, é uma narrativa iniciática. É um dos belos ensinamentos em que qualquer hipersensível pode se inspirar para ser plenamente realizado.

Jacó, filho de Isaac, tem um irmão gêmeo, Esaú, que foi o primeiro a sair do ventre de sua mãe, Rebeca. Esaú é, portanto, o mais velho, nem que seja por poucos minutos, e seus atributos são: ser um caçador emérito como seu pai, um guerreiro conquistador, um homem de confronto e de combate, além de ser o favorito de Isaac. Jacó, por sua vez, é fraco, frágil, medroso, um pouco tímido, muito parecido com a mãe. Ele é um ser de interioridade – hoje ele seria chamado de deficiente social. Esaú parte para explorar o mundo; Jacó é o pastor que cuida do rebanho e adora cozinhar.

Jacó tem verdadeiro encanto por Esaú, mas sente ciúmes dele. Um dia, voltando do campo, Esaú aspira a fragrância das lentilhas que Jacó tinha preparado. Ele está com fome e lhe pede um prato. Jacó lhe dá em troca de seu morgadio. Esaú, faminto, consente.

Mas Jacó ainda precisa, para obter plenamente esse direito, ser abençoado por seu pai. Com a cumplicidade de sua mãe, Rebeca, ele engana a atenção de Isaac, atingido pela cegueira. Jacó é glabro; ele cobre seu braço com a pele de um animal para imitar o braço de Esaú. Graças a esse subterfúgio, recebe a tão esperada bênção.

Isaac é enganado pela intriga? Fiz essa pergunta a rabinos, que me deram uma explicação muito detalhada. Isaac disse a seu filho: "Você tem a voz de Jacó, mas tem as mãos de Esaú", o que é uma maneira de lhe dizer: você continua sendo Jacó, com suas fragilidades, sua interioridade, sua sensibilidade, mas adquiriu mãos graças às quais agora é capaz de se pôr em ação, na vida.

Ele é hipersensível, mas agora está pronto para agir, para assumir responsabilidades políticas, sociais e espirituais. Em nossa linguagem, isso soa como ser um líder. Essa é a primeira lição que aprendemos com tal história: o hipersensível pode ter a tentação de se refugiar em sua interioridade. Ora, para viver melhor com sua hipersensibilidade, para tirar dela todos os benefícios, ele deve entrar em ação. Assim, transforma radicalmente sua relação com sua hipersensibilidade.

A narrativa bíblica continua. Sabendo dessa traição, Esaú fica furioso e decide matar o irmão. Rebeca, preocupada, para salvar a pele de Jacó, pede a ele que fuja para a casa de seu tio

Labão. Jacó nunca se distanciou de casa, mas, desde que recebeu a bênção de Isaac, ele se sente pronto para superar seu medo, deixar o casulo da família para explorar o mundo, trabalhar, encontrar uma esposa. Mesmo que seja difícil, será o seu caminho de cura. A partir desse momento, sua hipersensibilidade deixa de ser uma introspecção infinita. Ela se torna inseparável de um compromisso concreto com o mundo.

Esta é a segunda lição da história: a hipersensibilidade oferece-lhe possibilidades. Você é engenhoso. Deixe seu talento ser exercido.

A sensibilidade de Jacó efetivamente permitirá que ele supere obstáculos. Como todas as pessoas hipersensíveis, ele é criativo, inovador, cheio de ideias surpreendentes, diferentes das habituais. Seu tio o recebe e lhe confia o cuidado de seus rebanhos. Jacó é hábil e consegue fazê-los prosperar muito mais do que os rebanhos dos vizinhos. Labão fica realizado. Ele lhe oferece a mão de sua primeira filha em casamento, e depois a segunda – a poligamia era permitida e valorizada. Jacó continua trabalhando duro, tentando sempre fazer seu melhor. Ele também se torna rico em gado e servos, de acordo com a Bíblia. Depois de vinte anos de lealdade ao tio, ele decide voltar para casa com suas esposas e seus rebanhos. A viagem não é fácil. Jacó está preocupado. No caminho, depois de abrigar sua família durante a noite, ele vai se deitar sozinho sobre uma pedra para se preparar para o reencontro com seu irmão. Como todos os hipersensíveis, para não se perder, não se sentir oprimido, ele precisa de momentos de silêncio e de espaço. Esses momentos são benéficos, desde que o recolhimento não se transforme em confinamento. Em seu isolamento, há sempre uma luta a ser travada com a própria sombra, com os próprios medos, com tudo o que se recusa de si mesmo. Essa é a terceira lição da narrativa de Jacó. A Bíblia encena esta lição: um estranho chega à noite e ataca Jacó. Sua luta durará até o amanhecer. Jacó combate, ele não se entrega, se mantém firme, não precisa ter medo do perigo. Ele pode lutar porque já percorreu um caminho que lhe deu força. Essa luta, com a qual cada um de nós deveria, em longo prazo, se comprometer, é fruto de um longo amadurecimento. Jacó pode liderá-la porque passou pelas duas primeiras provas de hipersensibilidade: ele entrou em ação e descobriu seu talento. Resta-lhe, por meio desse combate, triunfar sobre si mesmo.

Pois os rabinos explicam que esse homem é o rosto divino de Jacó. Ou seja, Jacó lutou consigo mesmo para descobrir quem realmente é. Ele está pronto para se envolver em uma luta interior que todos nós temos que lutar. Ele consegue, assim, superar suas contradições e reunir plenamente a interioridade e a exterioridade.

Ele não sai ileso: foi ferido na coxa. Ele conserva os rastros dessa luta: mancará até o fim de seus dias. A ferida de sua hipersensibilidade não será mais apenas interna, ela ficará visível a todos, já que se manifesta em sua carne. Esta é uma boa notícia: em vez de ser atormentado por ela, agora ele a assume. Você talvez não manque, mas aceitará, de vez em quando, gaguejar, derramar lágrimas, expressar sua hipersensibilidade sem que isso seja um problema para você.

Ao amanhecer, o estranho quer parar o combate. Jacó concorda em desistir apenas na condição de ser abençoado por ele. O estranho o abençoa e lhe dá um novo nome, Israel, "aquele que lutou com Deus". Você também será um líder se passar pela provação dessa luta, assumindo-se plenamente, como você é, declarando abertamente sua hipersensibilidade.

Porque aceitou seu medo, Jacó provou sua capacidade de ser um patriarca. Assumindo sua hipersensibilidade, haurindo seus tesouros para se envolver no mundo, aprendendo a se dominar. Agora ele pode ir ao encontro de seu irmão e finalmente vê-lo tal como ele é. Esaú, por sua vez, veio com quatrocentos homens, com o objetivo de lutar. Embora tenha derrotado o anjo, Jacó ainda deve superar essa provação, assumindo o risco de reencontrar seu irmão. Você também encontrará provações ao longo de sua vida.

Jacó, e esta é a quarta lição dessa história, tem a coragem de encarar esse desafio com humildade – ele é capaz disso porque é hipersensível. Ele parte, emocionado, ao encontro de Esaú e lhe dá um presente. Esaú queria se vingar, mas fica perturbado, se sente desarmado diante desse gesto de amor. Ele aceita o presente do irmão e entrega suas armas. Em homenagem a esse percurso, as doze tribos de seu povo levarão o nome de Jacó: Israel.

Essa narrativa é um dos mais belos ensinamentos para qualquer hipersensível. Jacó está longe de ser um herói perfeito, mas com sua sensibilidade, fragilidade, inventividade e liberdade, é autorizado a enfrentar a vida, ou seja, constituir-se como um ser humano. Enquanto está sendo engolido pelo medo, fechado em si mesmo, ele não sabe mais como ver o outro em sua alteridade. Até o irmão dele se torna, aos seus olhos, uma ameaça. Para assumir o status de patriarca, ele terá um caminho a percorrer, um caminho no qual sua hipersensibilidade se revelará como a pedra angular de seu compromisso com o mundo. Esse será seu combate, aquele que transmutará sua hipersensibilidade e fará dela sua força. Você permanecerá ferido como Jacó, mas sua ferida será admirável, ela será a ferida da humanidade em você. Todo ser humano, no fundo, está ferido. O hipersensível é apenas aquele que atesta que o fato de assumir a ferida é a dignidade do ser humano neste mundo. Você resistirá.

PARA LEMBRAR

- A história de Jacó é uma narrativa iniciática. Um caminho pelo qual todos somos convidados a crescer, a assumir responsabilidades, a nos tornar líderes de nossa vida.
- Para conseguir isso, o hipersensível é convidado a percorrer esse caminho, que não é fácil, mas é inspirador, e que passa por metamorfoses.
- É um caminho em quatro etapas, como descrito na história de Jacó: entrar em ação, desenvolver o talento, reconhecer suas áreas sombrias e, finalmente, aceitar a vitória permanecendo humilde, continuando a ser quem é.

EXERCÍCIO

O primeiro passo para iniciar esse caminho é entrar em ação. Não se trata, necessariamente, de uma ação espetacular. Ela pode até parecer ridícula, mas é essencial.

Você fica paralisado quando quer se candidatar a alguma coisa, começar um projeto? Faça um gesto, seja o que for: escreva um e-mail, telefone para um amigo, um conhecido, nem que seja para pedir um conselho.

Assim, você muda a situação quebrando o círculo vicioso da ruminação.

Você sai da interioridade para entrar na realidade. O importante não é triunfar imediatamente, mas se beneficiar do poder da ação.

CAPÍTULO 15
SUPERDOTADO

> E se for outra forma de nomear os hipersensíveis?

No final do século XIX, na euforia das ciências novas, queriam medir tudo, colocar tudo em equações, incluindo inteligência. Numerosos e variados testes foram imaginados. Em 1904, o psicólogo Alfred Binet foi recrutado por uma comissão ministerial francesa responsável por encontrar, nas escolas, as crianças menos "dotadas", necessitando de apoio ou reorientação. Ele propôs uma série de questões que 75% das crianças da mesma faixa etária deveriam ser capazes de responder e concebeu a noção de idade mental.

Na esteira de Binet, o psicólogo alemão William Stern apresentou o princípio do QI, o quociente de inteligência, que consiste em dividir a idade mental pela idade física e multiplicar o resultado por 100 – número que representa a média de equilíbrio. Entende-se que as crianças que têm um QI inferior a 100 são consideradas portadoras de um atraso intelectual mais ou menos significativo, e aquelas que têm um QI superior são consideradas mais inteligentes do que as outras. Posteriormente, foram introduzidos testes, baseados no modelo dos questionários de Binet, para medir também o QI dos adultos. Hoje existem em abundância: o Stanford-Binet, que é o mais usado, o WISC e o K.ABC, específicos para crianças, o WAIS para adultos, os testes Army Alpha e Army Beta do exército dos Estados Unidos, adaptáveis a pessoas que não sabem ler nem escrever, entre outros.

No final da década de 1940, o neuropsiquiatra Julian de Ajuriaguerra foi o primeiro a falar de "superdotados" para qualificar indivíduos com um QI muito acima da média – mais de 130. Essa palavra desperta debates acalorados porque contradiz a noção de igualdade: existiriam, desde a infância, indivíduos superiores aos outros, "superdotados", em oposição a "subdotados"? Nesse caso, o que é esse dom e o que ele implica? Essa questão ainda não está resolvida.

Na verdade, os testes de QI medem certo número de performances intelectuais em ação, mas não se sabe o que eles realmente indicam, pois a inteligência não é unilateral. Descobriu-se que ela é baseada em critérios diferentes: não está relacionada apenas com a lógica e a razão, mas também com as emoções, a experiência do indivíduo, a capacidade de compreender uma situação em sua totalidade e de encontrar soluções que não sejam apenas teóricas; está associada até mesmo aos sentidos – a inteligência manual é conhecida há milênios. Existem, portanto, diferentes tipos de inteligência: relacional, memorial, corporal, linguística... No entanto, em sua esmagadora maioria, os testes de QI continuam sendo escolares e não levam em conta a inteligência global, a única que teria um verdadeiro valor. O filósofo em mim não pode confundir uma medida com um relatório de verdade do ser humano.

Outras palavras foram posteriormente usadas para se referir às pessoas que dizem ser mais inteligentes do que a média. Na década de 1980, "precoce" substituiu "superdotado", sugerindo que algumas crianças estão à frente de outras, que provavelmente recuperarão o atraso na idade adulta. Na França, o Ministério da Educação Nacional oscila entre esse termo e o de "alto potencial", admitindo que os autores científicos nem sempre concordam com os critérios de diagnóstico. As academias regionais de educação reconhecem que esses critérios não se limitam ao QI: este é apenas um índice entre outros. Além disso, elas constatam que esse estado, independentemente do nome dado a ele, é muitas vezes associado com distúrbios: de aprendizagem, de atenção, até mesmo uma dislexia ou dispraxia. O que desfalca, temos que admitir, o estereótipo do pequeno prodígio.

Cada vez mais especialistas começam a reconhecer que nenhuma dessas palavras parece adequada para designar a realidade de indivíduos que não estão nem avançados nem atrasados, que não figuram entre os alunos mais brilhantes, mas que são de fato portadores de uma singularidade. Seu funcionamento intelectual não se encaixa em nenhum padrão; ele denota, acima de tudo, uma maneira muito específica de estar no mundo. Muito hipersensível.

Os educadores sabem disso: a maioria das crianças diagnosticadas como "superdotadas" não foi enviada para realizar esses testes porque elas são brilhantes, mas, pelo contrário, porque são desajeitadas, lentas, agitadas, emotivas, estranhas, perturbadoras, até mesmo suspeitas... de serem "superdotadas". Elas são um enigma para seu entorno, mas também para elas mesmas. Elas sabem que são diferentes de outras crianças e se sentem culpadas por isso; às vezes escondem essa diferença muito cedo, sob um falso *self* que só complica seus problemas.

Uma de minhas amigas, que se insere nessa categoria, foi encaminhada, contra sua vontade, para realizar um teste de aptidão profissional após o término do Ensino Fundamental.

Ninguém acreditava nela, muito menos seus pais, que eram brilhantes executivos. Seus problemas tinham começado no início do Ensino Fundamental, quando ela apresentava dificuldades para escrever. Ela se lembrou muito tempo depois: "Eu passava muito tempo em cada letra porque queria que ela fosse bonita, perfeita. Quando os outros tinham escrito duas ou três palavras, eu ainda estava aperfeiçoando a minha primeira letra. Eu ficava incomodada com a minha lentidão, mas era irresistível". Para todos, ela era uma idiota; na verdade, ela era mais lenta por conta de suas sensações, de suas emoções. Os colegas riam dela – pode-se ser muito cruel nessa idade. Ela mesma não se importava com as brincadeiras deles. Eles a entediavam.

No Ensino Médio, ela foi rotulada de rebelde. Ela interagia com os outros alunos, mas não da mesma maneira que eles, pois não tinha os mesmos desejos. No fundo, eles não lhe interessavam. Com seus professores, era uma guerra: ela se sentia sobrecarregada pelos protocolos e pelas regras impostas; ela os irritava com seus "porquês", precisava ter seu próprio ritmo, sua autonomia. Apenas um de seus professores acreditava nela. Era um professor de História que, durante o segundo ano do Ensino Médio, tinha preparado um programa sob medida para ela, levando-a a bisbilhotar as bibliotecas (foi antes da internet) para desenvolver sozinha trabalhos sobre determinados temas e apresentá-los para o restante da turma. Ela se dedicava de corpo e alma a cada pesquisa, obtinha as melhores notas, mas seus resultados nas outras disciplinas continuavam desesperadores. Ela estava cada vez mais angustiada por se sentir diferente, anormal. Na corda bamba.

Hoje, graças a pesquisadores e outros profissionais, como a francesa Jeanne Siaud-Facchin, sabe-se mais sobre essa inteligência atípica e esse modo de pensar singular, chamado de "arborescente", em oposição ao modo de pensamento linear, com sua lógica mais clara, mais normativa, mais evidente.

Para resolver um problema, o pensamento arborescente segue caminhos diferentes da linha reta, contornando os estágios de raciocínio para ir em todas as direções e favorecer as intuições e fulgurâncias. Na escola, os alunos que fazem uso desse modo de pensar têm dificuldade em seguir o raciocínio que o professor aponta e que convém aos outros alunos: para eles, esse caminho é longo demais e complicado demais. Eles chegarão ao resultado se lhes for permitido fazer o caminho com seus sentidos muito aguçados, a inteligência em rede mais complexa, que inventa novas direções. Além disso, a complexidade não lhes dá medo, ao contrário. Eles só precisam saber como administrá-la melhor. Isso talvez explique por que alguns continuam fracassando durante toda a vida, enquanto outros são brilhantemente bem-sucedidos, tanto em sua trajetória escolar e universitária como em sua carreira profissional.

Escolas específicas foram criadas nos últimos anos para acomodar essas crianças que não são como as outras, que pensam demais, falam demais, reagem demais, que parecem distraídas quando, na verdade, realizam várias tarefas ao mesmo tempo, cuja curiosidade é insaciável e cujas paixões estão sempre prestes a ser desencadeadas. Não é apenas a inteligência delas que é singular, mas toda a maneira de ser, com as antenas em alerta por toda parte. Essas crianças, e mais tarde os adultos que elas se tornarão, deixam de ser um enigma para os outros e para elas mesmas quando se compreende o que está no centro de sua singularidade: a hipersensibilidade. Para elas, sua aceitação marca uma inversão inaudita, a possibilidade de repensar a maneira de conduzir sua vida.

No fim de minha formação acadêmica, lecionei filosofia durante algum tempo em um colégio com a reputação de ser difícil. A maior parte de meus alunos carregava uma ressalva a essa disciplina, que eles pensavam ser reservada a uma elite. No início do ano, minha principal tarefa consistia em lhes demonstrar que os textos filosóficos falavam da vida e que não havia motivo para eles se sentirem intimidados. Em cada turma, eu tinha alunos que me surpreendiam. Eles não tinham uma inteligência cognitiva maior do que os outros, mas adentravam esses textos com menos inibição, com mais curiosidade e com a capacidade de se surpreender. Graças a essa sensibilidade, eles tinham fulgurâncias. Eles me deixavam maravilhado. Bem mais tarde, no decorrer desta pesquisa, compreendi que aqueles alunos eram, simplesmente, hipersensíveis com as antenas superdesenvolvidas e o pensamento arborescente.

Lembrando-me deles e de todos aqueles que encontrei em minha vida e que se assemelham a eles, penso irresistivelmente no mito grego de Medusa e Perseu. Perseu, filho de Zeus, recebe a missão de matar a górgona Medusa, cujo olhar transforma em estátua todos que olham diretamente para ela. Ao contrário dos outros, Perseu não abordará Medusa de frente: ele procura outros caminhos, inventa possibilidades, deixa suas ideias fluírem e entende que deve usar seu escudo como um espelho, através do qual Medusa olhará para ele sem atingi-lo diretamente com seus olhos. Ele triunfará sobre ela.

Você também pode ser curioso, explorar o mundo, fazer perguntas, pois essa é sua força. Siga pelos caminhos transversais, que muitas vezes são os mais rápidos. Mantenha-se aberto a tudo o que possa lhe tomar de assalto. É assim que você conseguirá selar a paz com quem é. Você tem sorte!

Não se esqueça de que os grandes descobridores também são hipersensíveis. Isso é o que lhes permitiu sair dos caminhos preestabelecidos, ousar transgredir as regras impostas, explorar, relacionar-se com o que acontece, com o que existe, e ver o que ninguém tinha visto, de forma a receber um conhecimento surpreendente.

Você é livre. Vá!

PARA LEMBRAR

- Uma pessoa superdotada não é dotada de uma inteligência superior quantificável, mas de uma multiplicidade de inteligências que trabalham em rede e são despertadas por sua hiperatenção, sua hipersensibilidade ao mundo ao seu redor.
- Ela tem a capacidade de não ser inibida por conformismos que limitam o pensamento, enquadrando-o em padrões muito opressores. Ela é, portanto, livre para relacionar elementos que em nada se relacionam à primeira vista, o que explica suas fulgurâncias, suas intuições.
- Porque é hipersensível e, portanto, sabe inventar outros caminhos, não se assusta com a complexidade.
- Curiosa, a pessoa superdotada se interessa por tudo, incluindo o que pode parecer desconcertante. Devido ao seu interesse por esse assunto, como por todos os outros, ela consegue compreendê-lo.
- É tempo de criar um mundo no qual todas as formas de inteligência sejam finalmente reconhecidas.

EXERCÍCIO

A chave da inteligência é a capacidade de se desinibir.

Todos nós temos bloqueios: para alguns, é a informática, para outros, a filosofia ou a matemática. Sobre eles, dizemos: "Não é para mim". Estranha constatação: de onde ela se origina?

É, sim, para você, desde que não se impaciente.

Cada disciplina, cada dossiê, cada assunto pode ser abordado de forma positiva, lúdica, hipersensível. Sem preconceitos e, sobretudo, sem o medo de falhar, que leva ao fracasso.

Divirta-se sem se preocupar em ter ou não sucesso.

Você terá superado suas inibições, e isso é o mais importante.

CAPÍTULO 16

LIMÍTROFE

> Os hipersensíveis vão até os limites do que é
> conhecido e trazem seus saberes de volta

Durante muito tempo acreditei na lenda do mundo morto e no triunfo da razão, por muito tempo pensei que os mitos eram apenas fabulações. Sou como todo mundo, e essa ideologia tem sido incutida em nós desde a infância: a água é uma reserva de energia, as vacas são uma reserva de calorias, as árvores, ornamentos ou, na melhor das hipóteses, uma reserva de oxigênio que assegura nossa sobrevivência. Meus avós, que viviam no campo, educaram-me para respeitar essas reservas: não cortávamos árvores, amávamos os animais, não maltratávamos o solo. Mas, apesar de tudo, esse mundo estava morto porque não tinha alma.

Eu era um jovem adulto e um leitor compulsivo quando descobri as primeiras obras de Philippe Descola, um antropólogo que se instalou, no final da década de 1970, junto dos jivaros Achuar, na fronteira entre o Equador e o Peru. Descola estava particularmente interessado nas relações dos Achuar com seu meio ambiente. Para compreender melhor, ele foi até as origens de seus mitos fundadores.

Esses mitos dizem que, originalmente, tudo o que existe na Terra tinha uma aparência humana. Então, por diversas razões, alguns seres se transformaram, tomando uma forma animal ou vegetal, mas conservando a mesma alma humana e a mesma organização social. Por isso, os Achuar consideram que reina uma perfeita igualdade entre eles e tudo o que existe ao seu redor, desde os grandes animais até as menores folhas de grama. A alma deles é da mesma natureza.

Sua visão do mundo é, portanto, visceralmente não dualista. Ela não separa humanos e não humanos, natureza e cultura, nem mesmo, como Descola enfatiza, corpo e mente. Considerando que tudo pode se comunicar com tudo, os Achuar estão naturalmente conectados de maneira muito sensível com o que os rodeia. De forma hipersensível, eles sabem detectar as ligações invisíveis, mas reais, entre os elementos, falar com esses elementos e ouvir o que eles dizem; habitar o mundo com seu instinto, como um animal; ter, em qualquer situação, um olhar de 360°, ou seja, aberto, livre, flexível, em movimento, inovador.

Eles são habitantes de zonas fronteiriças, evoluindo na junção de diferentes conhecimentos e alimentando-se deles. Ainda sabem como se surpreender, se inquietar, ouvir o que suas sensações lhes dizem, mesmo quando elas parecem estranhas. Podem entender sem passar pela razão, pela graça de uma fulgurância nutrida pelos sentidos. Relacionam-se com o não humano, com um mundo de magia que se diz pueril, ingênuo, que é, de fato, nosso estado natural. Cultivaram sua hipersensibilidade, também um estado natural, e só ela lhes permite sobreviver em condições hostis. Estão relacionados com um mundo vivo que sabem que é incerto, portanto, inabordável com nossas categorias, nossos esquemas, nossa racionalidade limitada.

As normas e fronteiras que nossas sociedades erguem para criar divisões são certamente tranquilizadoras, mas afastam-nos da vida, privam-nos de informações valiosas e proíbem-nos de habitar a realidade. A primazia do cognitivo e da razão deixa para trás duas outras dimensões que ainda nos são intrínsecas: o afetivo e o sensível.

No fundo, nós sabemos disso. Somos fascinados pelas pessoas, pelas figuras que ousam derrubar as paredes artificiais que erguemos entre as emoções, as plantas, a razão, os animais, a ciência, os sentidos, as percepções. Continuamos em busca de um estado de harmonia original, cuja falta é fonte de sofrimento. O sucesso internacional do bruxo Harry Potter, personagem de uma das séries mais vendidas na história da literatura, não se explica de outro modo: eis um fronteiriço, certamente hipersensível, que atravessa as paredes para nos lembrar da existência de uma magia ordinária, de um saber inefável, incompreensível, proporcionando uma força inaudita àqueles que se reconectarem com ela. Seus poderes o tornam invencível. Eles surgem da potência de sua hipersensibilidade.

No coração de cada um de nós há a mesma aspiração inicial de derrubar os muros para habitar o mundo de maneira diferente, sendo, ao mesmo tempo, racional e emotivo, intelectual e sensível. Reconectar-se com a poética do mundo narrada pelos contos e pelas mitologias de todas as tradições, próximas e distantes.

Eu era uma criança quando minha avó me apresentou a maravilhosa lenda da primeira andorinha que, quando tinha acabado de voar, foi pega por um dragão de vidro, invisível a olho nu. Astuta e veloz, ela conseguiu escapar, mas uma das penas de sua cauda ficou presa com o dragão. Desde então, minha avó me explicou, as andorinhas são reconhecidas pela pena que falta no meio de sua cauda.

Eu me divertia identificando as andorinhas em meio às outras aves. Sem suspeitar, eu desenvolvia outra forma de atenção que me reconciliava com minha hipersensibilidade, me conectava com um mundo maior, mais interessante, mais vivo, um mundo que merecia ser sentido, explorado, escutado. Um mundo que tinha uma alma e, assim, tornava-se finalmente habitável para mim.

Hoje, já não acredito que existam dragões de vidro, mas a criança em mim, o poeta em mim continuam a regozijar-se com essa história. Não olho para as andorinhas apenas como pássaros oriundos do processo racional da evolução: sinto uma conexão afetiva, uma cumplicidade com elas, tenho a impressão de entendê-las e de me sentir mais humano ao permitir que minha sensibilidade se manifeste.

Através de andorinhas, através das narrativas de Homero, através dos mitos ameríndios ou gregos, tomei ciência da poética do mundo. Certamente, essas histórias não são "verdadeiras", mas dizem uma verdade profunda. Graças a elas, entendi que não estou restrito a ser um consumidor produtor, mas que tenho o direito de "sentir" uma árvore, uma flor, o mar, sem sacrificar a legítima exigência de racionalidade. Permiti-me experimentar o mundo para torná-lo vivo. Saí aliviado da extinção, da secura da lenda do mundo, e me tornei um fronteiriço.

A hipersensibilidade é a intuição fundamental da existência de ligações entre nós e o que nos rodeia, ligações que não se encaixam em nenhum esquema e para as quais é difícil encontrar palavras, mas que não são, por isso, menos reais.

Os poetas, alguns povos, pessoas à margem são fronteiriços. Eles nos ensinam a ter mais cuidado, a amar o mundo. Tome o exemplo deles, permita-se o maravilhamento libertador. O mundo é encantado, mas cabe a você reencantá-lo todos os dias, a todo momento. É assim que você sairá do confinamento. Você recebeu o dom da hipersensibilidade. Você é responsável por isso, não o negligencie.

PARA LEMBRAR

- A hipersensibilidade é um dom que nos leva às fronteiras do que é conhecido, habitual. Artistas, poetas e povos primitivos nos ensinaram que é lá que tocamos verdades muito profundas, verdades existenciais.
- Ter a chance de ser fronteiriço é ser capaz de explorar o desconhecido, de tirar dele valiosos conhecimentos.
- Uma fronteira é onde se restabelece a ligação entre domínios, mundos, sujeitos artificialmente separados, mas que, na realidade, nunca deixaram de estar conectados.

EXERCÍCIO

Você está bloqueado em um processo e não consegue sair dele. Você conversa com uma pessoa que ama, mas não sabe como lhe dizer isso.

Apoie-se no poder de sua curiosidade e imaginação.

Saia do registro ordinário do conhecido e ouse deixar vir imagens, metáforas, conexões, mesmo que elas pareçam estranhas, incomuns para você. Não importa se elas estão corretas ou não, permita que elas fiquem e explore-as.

É nisso que residem os seus recursos fronteiriços.

CAPÍTULO 17
NORMALIDADE

> As medidas estatísticas não existem na realidade

Desde a mais tenra infância, minha paixão era desenhar. Para agradar o estranho adolescente que me tornei, meus pais tinham concordado em me inscrever numa oficina de pintura perto de casa. Eu tinha apenas 14 anos e o curso era voltado para adultos. Não sei que argumentos meu pai apresentou, mas ele conseguiu fazer com que me aceitassem. Devo dizer que meu entusiasmo era contagiante.

O ateliê era grande e recebia cerca de quinze estudantes, incluindo uma jovem mulher com síndrome de Down. Jeannette ficava em seu canto e pintava com canetinhas muito finas uma figura que o professor tinha rapidamente desenhado em uma folha de papel. Ela precisava de várias sessões para finalizar sua pintura. O professor a parabenizava e depois desenhava outra figura em outra folha. Ela parecia satisfeita, mas eu estava triste por ela, incomodado por vê-la isolada e absorvida numa tarefa tão pouco gratificante.

Ao longo das aulas, essa situação se tornou insuportável para mim. Eu não desenhava mais e a olhava com o coração apertado. Acabei pedindo permissão para cuidar de Jeannette e, até o final do ano, dediquei parte do meu tempo a ela. Não fazia ideia de que estava embarcando numa aventura extraordinária que duraria vários anos e transformaria minha visão a respeito da existência.

Eu propus a ela que desenhasse, em vez de se contentar em colorir desenhos prontos. Suas primeiras tentativas em frente a uma folha em branco tinham sido tímidas, mas depois, durante as sessões, ela ganhou confiança. Eu via sua mão se movimentar pela folha como um barco que se afasta da margem. Ela desenhava com uma liberdade, uma intensidade que eu nunca tinha visto antes. Tinha ido além de todos os padrões para retornar às fontes da arte, da vida. Ela era muito mais livre do que todos nós.

Jeannette era talentosa. Estava, acima de tudo, mais ligada à verdade da arte do que muitos artistas profissionais. Ela não reproduzia nada, expressava à sua própria maneira o que via, o que sentia. Olhando para ela, percebi o quanto eu próprio era prisioneiro das normas, que me afastavam da fonte viva da criatividade. Ela inventava, sem se preocupar se estava produzindo uma obra de arte. E eu aprendia. Suas obras eram geniais porque ela estava livre das algemas. Eu a guiava mostrando que ela podia explorar novas texturas, novas formas, e depois a deixava se ouvir, desenhar, pintar. Realizar-se.

Jeannette me encantava. Mais tarde, ajudei-a a expor suas obras, a valorizá-las. Não sabia como lhe agradecer pela bela lição de vida que me deu. Agradeço à minha hipersensibilidade, sem a qual provavelmente nunca teria sentido empatia suficiente por essa jovem, que, no vasto ateliê, coloria sozinha em seu canto enquanto aprendíamos a pintar e a desenhar. Recebi tanto dela...

Quando penso em Jeannette, uma bela frase do escritor português Fernando Pessoa me vem à mente: "Não há normas, todos os homens são exceção a uma regra que não existe".

Quem é "normal"? Ninguém. Nós erigimos a norma no dogma, desviando o significado autêntico dessa palavra. A palavra norma vem do latim e designa uma régua ou um esquadro, um instrumento que oferece pontos de referência para construir uma parede reta e, portanto, precisa e sólida. Nós, curiosamente, transformamos a *norma* em um conjunto de convenções que supostamente se aplicam à maioria, mas que na verdade não se baseiam em nenhuma verdade racional: o que é um humano "direito", o único que estaria na norma? Os hipersensíveis, as mulheres, os tímidos, as pessoas negras, as pessoas brancas são "direitos" ou "tortos"? Isso obviamente não tem nenhum sentido!

Hoje tudo se normatiza: nossas escolhas, nossas sensações, nossa aparência, nossa altura, nosso peso, nosso currículo, a idade em que uma criança deve aprender a falar ou a ler, até a frequência de nossas relações sexuais. Exponencial, a norma é a nova medida da realidade. Ela nos esmaga em nossa individualidade e singularidade, e o seu peso é ainda maior porque, apesar de todos os nossos esforços na normatividade, nunca correspondemos de forma alguma à norma.

A norma deixou de ser razoável e cria muito sofrimento. Todos se sentem anormais por uma razão ou outra e, de fato, todos o são, já que a normalidade é uma ficção. Felizmente, aliás, nós somos "anormais": eu não te amo porque você é normal, mas porque você é singular.

A confusão que isso gerou é devastadora. Não se trata de negar a norma; ela tem legitimidade, mas em determinado lugar: para construir um muro que se manterá em pé, produzir uma máquina que não estragará rapidamente, um brinquedo que não será perigoso.

Com a normalidade, surgiu outra noção: a da média. A média, dizem, reflete a norma. Ela é o lugar onde se supõe que todo mundo se encontra, exceto os "anormais". Em todo caso, é o que sempre nos disseram e no que eu estava disposto a acreditar até que caí nesta anedota verídica.

Ela aconteceu na década de 1950, quando foram produzidos os primeiros aviões a jato, mais rápidos, mas mais complexos de pilotar do que a geração anterior. As forças aéreas norte-americanas são então confrontadas com uma recrudescência de acidentes: por uma razão desconhecida, os pilotos perdem o controle de suas aeronaves no momento de efetuar certas manobras. Depois de eliminar diversas possíveis causas técnicas e humanas, parece que os *cockpits*, projetados na década de 1920, não são mais adaptados ao tamanho e à corpulência dos jovens pilotos, que cresceram em centímetros e em quilos. Para encontrar o padrão estatístico do *cockpit* perfeito, centenas de pilotos são medidos: a altura, o comprimento do pescoço, as coxas, os pulsos. Pelos cálculos, são obtidas as dimensões médias. Mas, na realidade, percebe-se que esses novos padrões correspondem às medições de apenas 3% dos pilotos – todos os outros estão "fora do padrão", uma vez que medem mais ou menos do que a média. Esse problema foi resolvido com a invenção de assentos modulares, mas não conseguiu saciar nosso apetite por padrões e médias, que, na realidade, não correspondem a quase ninguém.

Além disso, a média é uma medida estatística, não uma régua científica. No entanto, os dois são deliberadamente confundidos, resultando em inúmeras confusões, manipulações e sofrimentos profundos. O filósofo e guerrilheiro francês Georges Canguilhem legou-nos uma obra fundamental, *O normal e o patológico*. Canguilhem dedicou sua reflexão essencialmente à história e à epistemologia das ciências e da medicina. É por esse meio que ele aborda seu assunto. Ele questiona essas duas categorias: o vivo, diz ele, é vasto demais, complexo demais para ser reduzido a duas divisões, duas categorias, a medidas físico-químicas padronizadas. A norma é, sem dúvida, necessária à ciência, mas o problema é que ela transbordou desse campo para conquistar tudo.

Canguilhem dá o exemplo de um indivíduo cujo exame de sangue revela alguns indicadores fora do padrão – inferiores ou superiores à média. Esse indivíduo não está necessariamente doente, não é "patológico", pode até estar em boa saúde, "normal"! "É sempre ao indivíduo que devemos nos referir", insiste. E este está doente, portanto, "anormal", quando tem uma incapacidade de ser normativo, ou seja, de levar uma vida "normal" em sociedade.

Seu trabalho se tornou uma referência, inclusive no campo da psiquiatria, onde se aplica a teoria da "patologia global": a norma é uma possibilidade de referência, mas, por definição, "é apenas uma possibilidade" incluindo "a latitude de outra possibilidade".

Todos nós nos sentimos anormais em algum momento. "Eu não sou normal" é uma frase que ouço muitas vezes quando falo de coração aberto com pessoas que, entretanto, não têm nada de anormal. Elas têm, como todo mundo, suas peculiaridades: não estão em uma relação amorosa, têm laços frágeis com sua família, apreciam a solidão, preferem a cidade ao campo, são hipersensíveis... Elas não estão na norma que a mídia e as redes sociais projetam para nós. São como eu, que, de vez em quando, ainda me culpo por minha estranheza. O problema não é nos distanciarmos da norma, não correspondermos a uma média fictícia.

O problema é nos sentirmos culpados. A norma se tornou uma loucura.

O hipersensível é, sobretudo, uma vítima. Ele se sente anormal quando, na verdade, é simplesmente um outro normal – nós somos todos, cada um à nossa maneira, "outros normais". Ele é, na realidade, prisioneiro de uma mentira social.

Afaste-se dessa tirania, desprenda-se das amarras e permita-se inventar sua vida. Permaneça um ser humano num mundo desumanizado pela norma, onde tudo deve ser plano, onde é necessário cortar tudo o que excede. E onde todos acabamos nos sentindo estranhos.

Você é diferente? Ótimo, porque é aí que reside sua humanidade. Sua diferença é um dom da vida. Sua única missão é cuidar de sua singularidade. É ela que salvará o mundo da monotonia.

PARA LEMBRAR

- Ninguém é "normal". Há uma norma para construir uma parede reta, mas não há uma norma para definir a normalidade de um ser humano.
- Nós somos prisioneiros desse conceito esmagador que se veste com as roupas da racionalidade, quando ele, na verdade, não é nada racional. É ele que nos proíbe de ficar em paz.
- As médias são apenas números fictícios. Ninguém corresponde à média.
- Não te amo porque você é "normal", mas porque é singular.

EXERCÍCIO

Invista um tempo para sentir até que ponto você ingeriu o veneno da "normalidade".

Você começará a se libertar disso.

Você conseguiu acreditar que em alguns pontos você não se encaixa na norma.

Anote-os, um após o outro.

Releia sua lista; você já está começando a se desintoxicar.

CAPÍTULO 18
PROUST

> Para viver plenamente uma vida fantástica, orgástica, basta prestar atenção

Se eu precisasse fazer uma sucinta, mas completa descrição da hipersensibilidade, eu me limitaria a esta breve passagem de *Cartas a Angèle*, de André Gide. Gide narra seu encontro com a Sra. B., que lhe explica que usava óculos aos 12 anos de idade. "Lembro-me tão bem da minha alegria quando, pela primeira vez, vi todos os ladrilhos do pátio", disse ela. E Gide comenta a esse respeito:

> Quando lemos Proust, de repente começamos a perceber detalhes onde até então só víamos uma massa. Ele é, digamos, o que se chama de um analista. Não, o analista separa com esforço, ele explica, ele se aplica. Proust sente isso muito naturalmente. Proust é alguém cujo olhar é infinitamente mais sutil e mais atento do que o nosso, e que nos empresta esse olhar durante todo o tempo que o lemos.

A vida, a obra nada convencional de Marcel Proust são manuais sobre como viver com hipersensibilidade. Ele usa constantemente os famosos óculos da Sra. B., que lhe dão a capacidade de ver o que não sabemos ver, para nos abrir a um mundo extraordinário: a realidade com "todos os ladrilhos".

Proust é hipersensível de forma extrema, mesmo fisicamente. Ele explorou essa qualidade transformando-a em força e produzindo, graças a ela, as páginas mais essenciais da literatura francesa, e vivendo uma das mais fantásticas existências de todos os tempos. Ele não pode, por exemplo, se aproximar das flores, que lhe dão ataques de asma. Ele se esconde atrás dos vidros fechados de um carro para observar de perto os espinheiros do vale de Chevreuse, aos quais dedica a mais comovente e delicada das descrições. Sem dúvida, se ele pudesse, como todo mundo, pegar um buquê, colocá-lo em sua frente, na mesa de trabalho, admirá-lo de perto, tocá-lo, acariciá-lo, ele não teria ido até o extremo de sua sensibilidade para descrevê-lo.

Sua correspondência permite-nos descobrir a vida de um hipersensível que soube fazer de sua singularidade um modo de vida. Ela extravasa pérolas emocionantes de humanidade. Ela faz parte de meus livros de cabeceira, aqueles que abrimos numa página ao acaso, antes de dormir, e com os quais nos deleitamos. Essa leitura é vital para mim: ela me cura, renova a paz que selei com minha hipersensibilidade.

Algumas linhas descrevem a morte da mãe de Céleste Albaret, sua governanta. Ele não a conhecia, mas se desmancha em lágrimas como se tivesse perdido um ente querido. Não tem vergonha de expressar sua dor, de expor sua extrema empatia. Céleste Albaret também se surpreende. No retorno de sua viagem, Proust pega sua mão e diz: "Você não saiu de meus pensamentos". Ela sente em seu íntimo que isso é verdade. E quando, mais de trinta anos depois, ela é questionada sobre esse evento, ainda parece bastante comovida.

Para um amigo, o poeta Fernand Gregh, cuja última coletânea foi recebida com mordaz crítica, ele escreveu:

> Seria mais prudente não lhe falar sobre isso, e na verdade seria mais sensato, já que a coisa é, de todos os pontos de vista, de pouca importância. Mas eu conheço o delicado nervosismo que constitui o invólucro harmônico de sua sensibilidade, de sua imaginação e de seu coração, e tenho medo de que essas coisas absurdas o tenham entediado. Pensei que talvez o pensamento afetuoso de alguém que ficou irritado com isso, que entendeu sua absoluta insignificância, lhe seria reconfortante.

Essas poucas linhas são suficientes para resumir a delicadeza do autor, em hiperempatia com o outro, seja quem for. Perturbado ao saber que o escritor Louis Gautier-Vignal deixou Paul Morand à sua porta e não quis entrar, Marcel Proust faz a si mesmo todas as perguntas que, nesses casos, atravessam a mente de um hipersensível. Ele deduziu que Gautier-Vignal havia ficado magoado porque ele não respondera às suas duas últimas cartas e, apesar do avançado da hora, correu até a casa do amigo para lhe pedir desculpas. Gautier-Vignal, que só não queria perturbar Marcel Proust, escreverá sobre esse episódio: "Ele veio me dizer que, apesar de seu silêncio, sua amizade por mim permanecia a mesma [...] e ele só queria saber se eu estava tranquilo".

E se os hipersensíveis fossem os melhores amigos do mundo, os únicos suficientemente delicados e preocupados com o outro?

Como a maioria das pessoas hipersensíveis que reconhecem sua especificidade, Proust tem as antenas bem ligadas. O pintor Jacques Blanche se surpreende: "Não havia maneira de fingir com Proust. Seu projetor elétrico atingia direto o coração, você era fotografado com raios X por esse desconcertante psicólogo". Paul Morand também fica atordoado e traça o típico retrato do hipersensível:

> Não adiantava nada tentar dissimular qualquer coisa com ele. Quando um pensamento emergia na superfície da consciência do interlocutor, imediatamente Proust marcava com uma leve comoção que tinha recebido a comunicação ao mesmo tempo.

Minha proximidade com Proust me ensinou quatro lições.

Lição nº 1: a hipersensibilidade é uma grande alavanca para nos tirar da monotonia e do tédio.

Maurice Duplay, que dedicou um livro ao seu amigo Marcel Proust, diz que quando este não consegue adormecer, lê o guia das estradas de ferro. Na indicação de cada nome de estação, ele imagina que está descendo do trem para conhecer a vila, a cidade que se esconde por trás desse nome. Ele viaja sozinho de sua cama, se entusiasma, se comove, se encanta, sonha. A ponto de, como ele escreve em *Contra Sainte-Beuve*, esses nomes terem "para ele um valor totalmente diferente dos belos livros de filosofia, e fazerem as pessoas de bom gosto dizerem que, para um homem de talento, ele tem gostos muito simplórios".

Os sentidos despertos são uma varinha mágica que torna emocionante o evento mais banal. Uma insônia, por exemplo. Em 1912, Proust ainda estava à procura de uma editora para um romance de setecentas páginas que se tornaria a matriz de *Em busca do tempo perdido*. Ele recebeu várias recusas, incluindo a de Gide, editor da Gallimard, que falou desse romance como "um dos arrependimentos, dos remorsos mais dolorosos da [sua] vida". E também a de Alfred Humblot, da editora Ollendorff, que disse a um de seus amigos: "Eu devo ser muito estúpido, mas não consigo entender como alguém pode usar trinta páginas para descrever como ele se vira e revira na cama antes de cair no sono".

Mas, justamente, transformar o acontecimento ou o encontro mais banal em algo apaixonante é estar plenamente vivo. E, graças à sua hipersensibilidade, Proust vê a vida colorida. Questionado por um jornalista a respeito do que ele faria ao saber que o fim do mundo está próximo, ele respondeu de modo surpreendente:

> Eu acho que a vida de repente nos pareceria deliciosa [...]. Se o cataclismo não acontecer [...], retornaremos ao centro da vida normal, onde a negligência entorpece o desejo. Contudo, não deveríamos precisar do cataclismo para amar a vida de hoje. Bastaria pensar que somos humanos e que esta noite a morte pode chegar.

Essa observação é muito profunda. Vivemos pela metade, porque a nossa sensibilidade está completamente cega. A hipersensibilidade é uma maravilha, porque só ela tem o poder de nos abrir para um mundo maravilhoso e infinito.

Lição nº 2: a hipersensibilidade é nosso talento.

Quando criança, Proust sonhava em escrever "um grande livro", mas esperava ter "uma grande ideia" para comunicar ao mundo. Ele se torturou em vão por essa ideia e em seu caminho se deparou apenas com experiências banais que o impactaram, mas que ele considerou desprovidas de qualquer valor intelectual: um raio de sol em um banco, o perfume de uma trilha campestre. Um dia, ele compreendeu que essas experiências são a vida. E começou a escrever. Ele disse ao jornalista Élie Joseph Bois:

> Meu livro não tem nenhum grau de raciocínio, seus mínimos elementos me foram fornecidos pela minha sensibilidade, eu os vislumbrei pela primeira vez nas minhas próprias profundezas, sem compreendê-los, tendo dificuldade em convertê-los em algo inteligível, como se fossem tão estranhos ao mundo da inteligência quanto, como posso dizer, um padrão musical.

Aprendi com Proust que o talento tem uma fonte: a exploração do que se sente no fundo de si mesmo, em sua singularidade. É um êxtase da percepção, dado a todos, mas que requer tempo, paciência e muita sensibilidade para ser totalmente regado e finalmente desabrochar.

Ao contrário daquilo em que muitos estudiosos, filósofos e professores acreditam, o essencial de uma vida humana talvez não seja essa inteligência que analisa, ordena e classifica, e que é a mesma por toda parte, mas essa sensibilidade que nos é própria e que pode nos fazer descobrir os picos mais altos.

Lição nº 3: aprender a fazer algo com seu sofrimento.

Uma regra comum nos faz acreditar que, diante do sofrimento, temos apenas duas opções: nos fecharmos e sermos engolidos por ele ou fugir dele rangendo os dentes, porque o consideramos indigno e vergonhoso. Proust, autêntico hipersensível, sugere uma terceira via, muito mais útil do que todos os conselhos de psicologia que já li: transformá-lo de forma criativa. A morte de sua mãe, a quem ele era muito apegado, é uma grande provação para ele. Ao explorar seu sofrimento, ele percebe que tem o poder de inaugurar uma nova relação, viva e substancial, com essa pessoa amada. Através da provação, ele aprende a viver novamente.

Lição nº 4: nomear o que sentimos para dar vida a isso.

Explorar a sensibilidade não é suficiente: ainda é necessário nomear o que se descobre através dessa exploração.

Lucien Daudet nos conta sobre o dia em que Proust lhe confiou este segredo:

> Estávamos saindo de um concerto onde tínhamos ouvido a "Sinfonia dos Coros" de Beethoven, e eu cantarolava notas vagas que, eu pensava, expressavam a emoção que tinha acabado de experimentar, e exclamei, com uma ênfase cujo ridículo eu só entendi depois: "Essa passagem é esplêndida!". Proust começou a rir e me disse: "Mas, meu querido Lucien, não é o seu *tum-tum-tum* que vai nos fazer internalizar esse esplendor! Seria melhor tentar explicá-lo!". Naquele momento eu não fiquei muito feliz, mas tinha acabado de receber uma lição inesquecível.

Eu penso com frequência nessa lição e busco aplicá-la. Adotei o hábito de carregar comigo um caderninho em que anoto palavras. Suas páginas amareladas seriam incompreensíveis para qualquer um, mas ele não se destina a ser lido por ninguém; ele é necessário para eu me expressar, explorar o que vivo, encontro, ouço. Estou nervoso, maravilhado, angustiado, feliz? Não me contento com essa constatação de fachada: esforço-me para ir mais longe, rabiscando algumas frases que associo a essa emoção. Então ela toma forma e deixa de ser uma abstração.

Aqui citarei Proust: "Não recebemos sabedoria; devemos descobri-la por nós mesmos depois de um trajeto que ninguém pode percorrer por nós, nem pode nos poupar dele".

Abra os olhos, estique as antenas, veja: você tem a capacidade de enxergar todas as cores do arco-íris onde os outros só veriam o tédio.

PARA LEMBRAR

- *Em busca do tempo perdido* é um manual que explica que a hipersensibilidade é a melhor maneira de estar vivo.
- Proust nos guia na exploração de nossa hipersensibilidade para que ela seja uma celebração: ela nos sacode, nos move, nos permite sentir o inesperado, estabelecer aproximações inéditas.
- Ele nos incita a não nos contentarmos com hábitos insignificantes, com mecanismos ultrapassados, opiniões cansadas, a fim de transformar a *madeleine* mais simples em uma experiência cósmica, orgástica.
- O hipersensível não precisa ir ao topo do Himalaia para viver experiências extraordinárias: o menor evento da vida cotidiana pode ser a ocasião para uma metamorfose, uma aventura.

EXERCÍCIO

Você está em casa, desesperado por estar em seu pequeno apartamento quando tem um desejo por beleza, por grandeza.

Proust propõe uma saída: imite Chardin, um dos maiores pintores do século XVIII, que conseguia transformar uma faca, um prato e dois pêssegos em uma tela excepcional.

Olhe à sua volta.

Pegue um ramo de lilás, alguns seixos, uma pinha, coloque-os em um cenário. Você sabe como fazê-lo graças à sua atenção hipersensível às coisas do cotidiano.

Transforme-os numa festa.

Uma flor colhida no fim da estrada tem o poder de levá-lo à felicidade.

CAPÍTULO 19

SISTEMA NERVOSO

| A hipersensibilidade é o modo de funcionamento cerebral mais proveitoso

Conheci Michel Le Van Quyen há mais de trinta anos em um colchonete de meditação, ao lado do neurocientista Francisco Varela, que tinha sido nosso iniciador. Ele já era fascinado pela neurociência e se tornou um pesquisador dessa área no laboratório de imagens médicas do Inserm [sigla em francês de Instituto Nacional de Saúde e de Pesquisas Médicas].

O objeto de suas pesquisas foi virado de cabeça para baixo há alguns anos, por um acidente da vida. Privado de falar após um AVC, ele superou sua angústia, legítima, explorando o que descobriu pela impossibilidade de falar: o silêncio. A ausência de ruídos, é claro, mas também o silêncio do corpo, da atenção, dos pensamentos.

Desde então, embora tenha reaprendido a falar, Michel Le Van Quyen tornou-se hipersensível, principalmente ao barulho. Esse fenômeno o provocou. Ele não se limitou a se questionar, ele estudou. Em seu laboratório, redirecionou suas pesquisas, que agora abordam a biologia da hipersensibilidade, ou seja, seus fundamentos no organismo e no sistema nervoso.[3]

---

[3] Publicou especialmente *Cerveau et silence, les clés de la créativité et de la sérénité*, Flammarion, 2019.

Tratam-se de estudos muito complexos, e não pretendo entrar em detalhes a respeito deles. Com uma didática pela qual sou infinitamente grato, ele me explicou os dois princípios centrais que levam à mesma constatação: a hipersensibilidade, para a qual muitos buscam fundamentos psicológicos, é de fato um fenômeno fisiológico, neuronal, no qual a psicologia é inserida.

O primeiro princípio que ele me explicou envolve o sistema límbico, também chamado de cérebro emocional, que é governado por áreas claramente identificadas do cérebro. Esse sistema funciona por automatismos, ou seja, sem a intervenção da reflexão. Ele gerencia certo número de funções vitais, tais como respiração, digestão, batimentos cardíacos e tensão muscular: eu respiro, faço a digestão, e meu coração bate sem que eu precise dar alguma ordem consciente.

Esse cérebro emocional se relaciona com nosso organismo através de dois sistemas nervosos paralelos: o sistema simpático e o sistema parassimpático. Ambos trabalham alternadamente, isto é, quando um acorda, o segundo adormece. Para despertar um ou outro desses sistemas, o cérebro emocional produz hormônios, cada família atuando em um dos sistemas para ativá-lo – o segundo imediatamente passa para o repouso.

Michel Le Van Quyen dá um exemplo simples: "estou em casa e alguém toca a campainha. Meu cérebro emocional reage imediatamente. Pode haver um perigo potencial: ele vai secretar um hormônio do estresse, como o cortisol, para despertar o sistema nervoso simpático. Esse é um tipo de acelerador fisiológico que vai preparar meu organismo para enfrentar o perigo, se houver um. Minha respiração acelera, mesmo de modo imperceptível, para oxigenar meus órgãos, meu coração bate mais depressa, meus músculos ficam tensos.

"Eu abro a porta: é o entregador da pizza que encomendei. E ela cheira muito bem. Meu cérebro emocional reage novamente, dessa vez secretando os chamados hormônios do prazer, como a endorfina. Eles despertam o sistema nervoso parassimpático, que acalma o organismo, deixa-o mais lento, ajuda-o a se regenerar depois do microestresse pelo qual acabou de passar. O sistema simpático, de aceleração, adormece. Minha respiração se acalma, meu coração bate menos forte, meus músculos relaxam.

"O cérebro cognitivo intervém apenas em um segundo momento: o estímulo, por exemplo, o ruído na porta, dará lugar a interpretações mais elaboradas, fará surgirem pensamentos, lembranças, que, por sua vez, atuam sobre o cérebro emocional, fazendo com que ele secrete ainda mais ou ainda menos hormônios de estresse ou felicidade. Meu medo levará à secreção de ainda mais hormônios do estresse; meu alívio ao ver a pizza levará a um disparo ainda maior de hormônios da felicidade. A reação do cérebro cognitivo, portanto, ocorre depois da reação do cérebro emocional, mas o tempo aqui é calculado em segundos ou em frações de segundo: na experiência vivida, essas duas etapas dificilmente são dissociadas.

"Como sabemos por experiência, não somos todos iguais perante os estímulos. O ranger da porta – mas talvez também a observação depreciativa feita a mim em uma reunião ou o acidente que acabei de testemunhar – desencadeou uma reação mais vívida em mim do que na média: eu me assustei, ruminei, fui afetado. Meu companheiro, meu colega, meu amigo, não reagirão de modo tão excessivo: eles abrirão a porta sem fazer perguntas, não prestarão nenhuma atenção à observação depreciativa e ficarão indiferentes ao presenciar o acidente. Eles não adquiriram mais sabedoria do que eu", sorri Michel Le Van Quyen. "A reação deles está inscrita em seu funcionamento neuronal. Em alguns, um estímulo muito sutil é suficiente para constituir um alerta diante do perigo, portanto, para causar a secreção dos hormônios de estresse que despertam o sistema simpático. Essas pessoas são consideradas hipersensíveis. Em outros, o cérebro emocional é menos reativo. Raramente um indivíduo é hipersensível a tudo", acrescenta. "Alguns são para o barulho, outros para o cheiro, outros ainda para as emoções."

Ele também observa que o cérebro emocional não reage apenas a estímulos externos. Nossos "estados de ânimo", sejam ou não induzidos pelo cérebro cognitivo, também agem no cérebro emocional. Assim, ruminações, pensamentos obscuros levam à secreção de hormônios do estresse, enquanto pensamentos positivos, alegres, levam, pelo contrário, à secreção de hormônios da felicidade.

O segundo grande princípio sobre o qual Michel Le Van Quyen conduz suas pesquisas diz respeito às três principais redes de funcionamento do cérebro. Todos temos essas três redes, mas, dependendo da experiência, da aprendizagem, talvez dos genes, elas são mais ou menos dominantes, mais ou menos estáveis ao longo do tempo.

A primeira rede é o sistema executivo, o da racionalidade. Localizado na área pré-frontal do cérebro, é uma espécie de filtro que bloqueia estímulos para nos permitir focar uma tarefa. Graças a ele, podemos trabalhar em um espaço aberto ou acompanhar uma conversa em um café, lugares onde recebemos várias solicitações e vários estímulos. É possível, segundo o pesquisador, que seja menos eficiente em pessoas hipersensíveis, cujas antenas estão em amplo funcionamento e que recebem de forma permanente informações demais.

A segunda rede, que ele chama de "modo padrão", é fisicamente distribuída entre diferentes áreas do córtex. É o sistema da interioridade. Quando esse sistema assume o controle, estamos em um estado de meditação, de espírito errante, de introspecção. Os momentos de desconexão da racionalidade são favoráveis à memorização, à construção do eu; são também propícios à criatividade, à descoberta de soluções inesperadas, à intuição. Certamente, quando esse sistema domina, a sonolência pode se transformar em ruminações e ponderações. No entanto, insiste Michel Le Van Quyen, essa rede é muito fecunda. Ela está na origem da maior parte das grandes descobertas da ciência, das obras-primas da arte e da literatura, das pequenas e das grandes invenções. Ela merece ser "treinada", cultivada pela meditação, por caminhadas em meio à natureza.

Finalmente, um terceiro sistema, a rede de saliência, localizada na zona cerebral da ínsula, desempenha o papel de árbitro. É ele que nos faz perceber que estamos em "modo errante" há tempo demais e que é chegado o momento de reativar nosso sistema executivo para nos concentrarmos na tarefa que temos em mãos.

A pessoa hipersensível se ressente pelo fato de que é mais comum estar no "modo padrão", sentir emoções, ter pensamentos que vão em todas as direções. A injunção para se acalmar a leva a querer forçar seu sistema executivo para que ele mantenha de forma mais rigorosa seu papel de filtro. Grave erro, me disse Michel Le Van Quyen. Essa atitude é em vão e acaba por enlouquecer.

A única técnica de que o hipersensível dispõe para se acalmar não é buscar ainda mais controle, mas se permitir libertar do controle. Essa é a técnica fecunda usada por pesquisadores, inventores, escritores: eles sabem que um problema complicado não é resolvido com o enfrentamento direto, mas com a possibilidade de a mente fazer desvios, divagar. Até que o *eureca* surge de repente, sem que se saiba como ou de onde veio.

Desde a escola, eu me ressentia por estar "no mundo da lua". Essas descobertas me transformaram: eu entendi que, como todas as pessoas hipersensíveis, eu tenho o poder de sonhar acordado. Isso nos permite seguir por caminhos que ninguém imaginou. É um poder que está incorporado em seu funcionamento neural e no qual você agora também pode confiar. Deixe seu cérebro tranquilo quando ele sonha: ele está trabalhando para levá-lo aonde você precisa ir. Faça as pazes com o que você é.

PARA LEMBRAR

- A hipersensibilidade é um fenômeno fisiológico. O hipersensível não exagera porque é menos sábio, mas por causa de seu funcionamento neuronal.
- O modo de funcionamento privilegiado do cérebro, o "modo padrão", é o da interioridade e do devaneio. O hipersensível tem sorte por ter acesso fácil a isso. É esse modo que permite as criações, as descobertas mais prodigiosas.
- Confie na singularidade de seu sistema nervoso. Ele sabe como levá-lo aonde você precisa ir.

EXERCÍCIO

Treine seu cérebro para funcionar no "modo padrão".
Permita-se sonhar.
Você tem um problema, uma preocupação? Não pondere; relaxe e olhe para as nuvens no céu.
Elas têm formas estranhas ou conhecidas, evocam animais, objetos, pessoas.
Você tem a impressão de que está perdendo tempo? Esqueça seus problemas e aproveite o tempo para partir em uma aventura com essas nuvens.
Sem que você perceba, seu cérebro está trabalhando.
Ele ouviu que há um problema para resolver e lhe dará, no devido tempo, aquilo de que você precisa.

CAPÍTULO 20
SILÊNCIO
> Ouvir o som da vida

Quando a minha amada avó não pôde continuar vivendo sozinha, escolheu se mudar para um lar onde fez novos amigos. Eu costumava visitá-la à tarde e a encontrava na companhia deles, na sala onde ficava a televisão. Ninguém assistia à programação, mas a tevê estava lá, fazendo barulho ao fundo. O desconforto que eu sentia ia além da racionalidade: esse barulho era demais, ele levava consigo minha capacidade de atenção, e eu não conseguia permanecer no ambiente; eu me sentia ridículo, mas era como se minha sobrevivência dependesse disso. Eu não podia fazer nada, estava enlouquecendo. Acabava por arrastar minha avó para fora da sala, para longe do barulho.

Como todas as pessoas hipersensíveis, preciso de silêncio para me recompor. Tenho a impressão de ser agredido pelo burburinho, pelos ruídos de fundo, pelos sons inúteis, pelos falatórios. Não gosto de mesas grandes, prefiro refeições mais íntimas. Não consigo me concentrar quando há muitas pessoas agitadas à minha volta. Ou então, eu só me concentro nesse burburinho ambiente que me deixa louco.

Preciso de silêncio. Mas vivemos em uma sociedade aterrorizada pelo silêncio; ela o devora sempre que pode. Há música nos elevadores, televisão nos cafés, alto-falantes, supostamente para promover o comércio, mensagens repetitivas nas estações de trem, em todos os lugares e o tempo todo, campainhas de telefone estridentes.

Para muitos, esse ruído indesejado passa despercebido. Ele é até bem-vindo: o silêncio pode angustiar, pode ser assustador porque remete ao frio, ao tédio, à solidão, à nossa condição de mortais. Essa não é uma inovação de nossa época: desde os circos romanos, e provavelmente muito antes, todas as distrações ruidosas existiram para desviar nossa atenção de nós mesmos.

Há uma realidade objetiva do silêncio: a ausência de barulho. Podemos ouvi-la melhor à noite, quando tudo dorme, quando a televisão está desligada, quando permanecem audíveis apenas o estalo de um móvel ou um cachorro que late ao longe. Essa ausência é apenas uma etapa.

O verdadeiro silêncio de que estou falando foi-me descrito por um fisioterapeuta, um homem extremamente sensível, apaixonado por seu trabalho, mas às vezes absorvido pelas conversas que alguns pacientes lhe impõem e que o impedem de se concentrar para dar o melhor de si. "Aprendi, mesmo quando há barulho, a encontrar, a criar em mim o silêncio de que preciso, que me conecta ao meu espaço íntimo, à minha interioridade, que me tranquiliza, me acalma. Durante alguns minutos, às vezes menos, eu me calo, olho, ouço, fico menos preocupado em reagir, e talvez, assim, mais atento ao que é dito. Volto a mim mesmo, ao que sinto, ao que quero, ao que desejo, antes de retomar a conversa. Fico em silêncio. E quando esse silêncio se estabelece, sinto-me ligado a uma forma de sinceridade", ele me confia.

É um silêncio que uma música, um poema, certas palavras ajudam a viver e a habitar. Um verdadeiro silêncio, que não é assustador porque é pleno, vivo, fecundo, regenerador. Porque é uma disposição para ouvir, um acolhimento que torna tudo possível. Porque é, antes de tudo, uma experiência humana.

Há, no silêncio, uma estranheza que pode se tornar uma amiga, com seu desconhecido, seu incognoscível. Que pode se abrir a uma estruturação diferente do mundo, mais vasta, mais profunda. Que dá lugar ao encontro. O silêncio – os hipersensíveis sabem disso instintivamente – não se opõe à relação, ao encontro. Ele não é uma bolha, mas uma oportunidade de atenuar os estímulos que atacam para encontrar uma palavra verdadeira, uma palavra que não é tagarelice, mas autenticidade. O silêncio de que o hipersensível precisa é essa sinceridade profunda, que o coloca em harmonia consigo mesmo, com a situação, com o outro. "O silêncio é a estranha fonte de poemas", disse Paul Valéry.

Kierkegaard era um grande hipersensível? Ele nos legou uma das frases mais bonitas sobre o silêncio: "A vida, o mundo que conhecemos estão gravemente doentes. Se eu fosse médico e perguntassem minha opinião sobre os homens, eu responderia: silêncio, prescreva-lhes silêncio". Pois o silêncio nos cura do burburinho, da inconsistência. Ele pode, inicialmente, incomodar. Mas quando treinamos para domá-lo, ele é fecundo, ele nos acalma profundamente. É um medicamento que pontua a vida.

Os hipersensíveis mais felizes são aqueles que conseguiram encontrar a própria relação com o silêncio. Ele os cura de um mal do qual às vezes são vítimas: uma necessidade incontrolável de falar, na desordem, na emoção, na vã esperança de esvaziar o excesso de emoções que os oprime, os angustia, os intoxica. Afogar-se nesse barulho é a pior das soluções: as emoções não se extinguem dessa forma.

Você também, às vezes, sente essa necessidade de extravasar, mas sabe que isso não o acalmará, que é apenas uma ilusão, uma cegueira. Porque suas emoções não podem ser partilhadas, e você sabe disso. Não se deixe intoxicar; volte, faça as pazes consigo mesmo, domine a si mesmo.

Faça silêncio, mesmo quando não estiver sozinho. Deixe "um anjo passar". Na antiguidade, diriam a você: "Deixe Hermes passar". Hermes, paradoxalmente, é o deus da comunicação. Porque é no silêncio que você entra na plenitude vibrante do que é vivo. É no silêncio que você descobre o mundo ao seu redor.

PARA LEMBRAR

- O hipersensível tem uma intensa necessidade de silêncio, mas nem todas as pessoas hipersensíveis sabem disso.
- O silêncio é uma força de cura para os hipersensíveis. Pelo revigoramento que ele proporciona, permite um *reset*, uma reinicialização da totalidade do ser, uma grande limpeza.
- Quando você está submerso, quando já não aguenta mais, o silêncio é seu remédio de emergência. Afaste-se por alguns instantes do barulho, da agitação.

EXERCÍCIO

O silêncio o assusta. Você aprenderá a domá-lo.

Quer esteja sozinho, quer esteja acompanhado, esta noite, saia do habitual.

Desligue a televisão, o rádio e o telefone e escute a noite.

Aceite a passagem do vazio que você percebe primeiro para o vazio que, após alguns minutos, lhe parecerá pleno.

Uma mensagem chegará nesse silêncio que você não procura preencher.

Você ouvirá ruídos que antes eram imperceptíveis; você ouvirá o som da vida.

Você se abrirá para uma dimensão benéfica.

CAPÍTULO 21

BURNOUT

> O que o ameaça não é aquilo em que você acredita

Estou escandalizado com as conversas que circulam sobre *burnout*. É a doença do século, é verdade. Ele ameaça particularmente os hipersensíveis, é verdade também. Mas se eles são majoritariamente vítimas, não é em razão de qualquer fraqueza ou de uma resistência limitada. Pelo contrário: um hipersensível tem uma resistência acima da média, e é precisamente nisso que reside a armadilha. Ele sempre quer fazer melhor, mais, dar sentido a cada tarefa; ele aumenta seus limites e tem dificuldade em ser respeitado por isso.

Vamos primeiro entender a definição de *burnout*, que se tornou um termo mal-empregado para designar tudo, incluindo estados de grande fadiga após o excesso de trabalho, o estresse intenso ou mesmo os estados de depressão.

O *burnout* é muito mais do que isso: é um colapso completo, uma perda de todos os recursos em si. Sua vítima é queimada, carbonizada – sentido literal dessa palavra em inglês. Em seu interior, ela não passa de cinzas. É a síndrome de uma era viciada, de um sistema pervertido que nos deixa literalmente doentes.

O *burnout* não é apenas psicológico – embora tendamos a considerar que os encorajamentos serão suficientes para recuperar aquele ou aquela que foi vítima dele. O caso não é assim tão simples: essa doença (porque é uma doença) tem um substrato fisiológico ligado a uma situação de estresse intenso e contínuo que ataca o organismo a ponto de causar uma disfunção.

Estão na origem dessa agressão os hormônios do estresse, como a adrenalina e o cortisol, que o cérebro, como vimos anteriormente, secreta para ajudar nosso organismo a reagir, seja lutando, seja fugindo. Esses hormônios, como também vimos, estimulam certos órgãos, como o coração, que bate mais rápido para oxigenar o corpo, e os músculos, que se contraem. Em outros órgãos, para não gastar desnecessariamente o estoque de energia de que dispomos, acontece o efeito oposto: ficam mais lentos. É o caso não só dos intestinos e, mais amplamente, do sistema digestivo (digerimos mal quando estamos sob estresse), mas também, em longo prazo, de certas funções cognitivas. Por outro lado, sob o efeito desses hormônios, permanecemos acordados, a necessidade de dormir desaparece – todos os que se prepararam para exames ou competições passaram noites sem dormir, o que, em certa medida, pode ser produtivo.

Esses episódios pontuam nossa vida, eles nos alertam, nos protegem, nos ajudam a seguir em frente. Mas quando, sob a influência de um estresse crônico, a secreção desses hormônios é ininterrupta, o organismo não consegue mais acompanhar, ele se esgota. Sua oxigenação é desequilibrada, daí as cãibras, as dores de estômago, a memória que vacila; e com ela os recursos intelectuais diminuem. A falta de sono também reflete no plano emocional: a pessoa se sente mais vulnerável, mais sensível, "à flor da pele".

E então, um dia, ocorre a deflagração, que intervém ao mesmo tempo nos planos físico, cognitivo, emocional e comportamental, multiplicando esses sintomas – que os hipersensíveis conhecem e tendem a negligenciar ou minimizar.

Fisicamente, o corpo se entrega. Os músculos não respondem mais. O sinal mais comum do *burnout* é a incapacidade de, em uma manhã, sair da cama, junto com uma cascata de sintomas incapacitantes: náuseas, vertigens, dores de cabeça, um cansaço infinito.

No nível cognitivo, os sinais de aviso que tínhamos fingido não ver tornam-se mais claros e duradouros: a incapacidade de concentração, os lapsos de memória, a mente que funciona em câmera lenta, o raciocínio que fica "bloqueado". Para aqueles que passam por isso, é um momento assustador.

Emocionalmente, o sentimento de exaustão nos domina. A vítima de um *burnout* percebe de repente que não tem controle algum sobre sua vida e fica com medo. Em alguns, a irrupção de emoções é intensa. Por outro lado, em outros, o vazio interior também afeta a vida emocional: essas pessoas ficam prostradas, como se anestesiadas. Vazias. Na maioria das vezes, o choro é incontrolável.

Todo o comportamento é afetado. Um reflexo de retraimento é criado para proteger a pessoa, que não pode mais suportar as frustrações e dificuldades da vida cotidiana: ela já não tem mais essa capacidade. Ela se torna agressiva para se defender, porque tem medo de tudo, de todos. Está menos inclinada à empatia porque sente à sua volta somente hostilidade, vê apenas situações inextricáveis. E não tem a força física ou mental para enfrentá-las. Ela fica prostrada. Torna-se ainda mais hipersensível: ela sente tudo, e tudo se torna mais intenso.

Um lugar-comum, ainda muito difundido, sugere que o *burnout* é causado pelo excesso de trabalho. Esses casos existem, mas são muito raros: o trabalho não mata, pelo menos em nossas sociedades, onde, felizmente, ele é enquadrado por leis que impedem os extremos desvios de rumo.

O que mata é a violência no trabalho, que desencadeia a inundação dos hormônios do estresse secretados pelo cérebro. Foram realizados estudos com profissionais da área da saúde que tiveram *burnout* para identificar os fatores desencadeadores da doença. A maioria das vítimas aponta para a falta de reconhecimento que sofreram quando se entregaram plenamente à sua tarefa.

Eu acompanhei uma amiga em seu longo processo de recuperação. Ela trabalhava havia anos em uma empresa de porte médio, e então, um dia, as regras mudaram. Para motivar as equipes, foi implementada uma "avaliação individualizada de desempenho". Não se tratava de avaliar o trabalho feito, mas o que foi chamado de "trabalho prescrito", isto é, o trabalho que cada funcionário deveria ter feito. As entrevistas foram conduzidas de tal forma que todos sentiam ter uma espada de Dâmocles sobre sua cabeça. Minha amiga fazia muito mais do que deveria, mas nunca era suficiente. Obviamente, os objetivos do "trabalho prescrito" eram inatingíveis. As críticas abertas e as insinuações se multiplicavam: sobre sua idade, sobre sua capacidade de resistir, sobre suas habilidades em geral, sendo que ela sempre tinha dado o máximo de si. Pouco a pouco, foi sendo excluída de algumas reuniões, mas o trabalho continuou a se acumular sobre sua mesa. Ela se sentia culpada, era a primeira a chegar, a última a sair. Não foi o trabalho que a desgastou, mas o desprezo que sentia à sua volta.

Ela se culpou quando suas primeiras fraquezas apareceram. Esquecimento, uma dor nas costas persistente, insônia, uma baixa geral no rendimento, contra a qual ela lutava desesperadamente, recusando-se a desistir. Ela era talentosa, mas acabou se esquecendo disso. Chegou ao ponto de negar a violência social, a violência ideológica que a obrigava a fazer sempre mais, que a censurava por não fazer o suficiente. Ela parou de se ouvir e carregava nas costas todas as disfunções de seu departamento e da empresa. Seu trabalho, que durante anos a entusiasmou, começava a perder todo o sentido. Uma manhã, ela não se levantou.

O *burnout* parece acontecer de repente, mas o processo é realmente muito longo, se estende por meses, até mesmo anos. É essencial detectar seus sinais de alerta antes que seja tarde demais. As pessoas hipersensíveis têm a sorte de ter antenas que as alertam muito rapidamente, que despertam a humanidade nelas para dizer não, para estabelecer limites quando sua instrumentalização, às vezes autoinstrumentalização, se torna desumana. Elas não se atrevem a dizer esse não talvez porque se sintam culpadas por algum motivo. Elas se sentem culpadas com frequência. Mas dedicar-se de corpo e alma, com entusiasmo, com benevolência, não é um erro. Elas não são culpadas, são vítimas de um sistema.

Psicóloga especialista em *burnout*, que ela mesma sofreu, fundadora do Noburnout,[4] Catherine Vasey me confirma essa intuição. Ela vê nos hipersensíveis, que prefere nomear de hiperlúcidos, hiperpresentes ou hipervivos, a imagem de uma evolução da humanidade: "Uma sensibilidade e uma profundidade se desenvolvem ao longo de sucessivas gerações, a aspiração por outra qualidade de vida, um desgaste e um *nonsense* humano dessa vida de consumismo,

---
[4] noburnout.ch

do transporte-trabalho-cama que embrutece as pessoas e as encarcera. O crescimento de nossa humanidade vai na direção dessa sensibilidade: necessidade de respeito dos valores profundos, da dignidade do ser humano... Daí a pergunta: que qualidades humanas desenvolveremos no futuro?".

Passar por um *burnout* é tornar-se hipersensível, portanto, hipervivo. É conseguir deixar de olhar para a realidade da mesma forma, deixar de ser enganado pela violência que nos é imposta. Quando se recuperou, minha amiga finalmente teve tempo para repensar sua vida, suas prioridades. Depois de se queimar no trabalho e numa existência que não tinha mais qualquer sentido humano, ela se tornou hipersensível à sua própria vida, hiperatenta à construção de outra vida. Ela continua sendo uma batalhadora no campo profissional, mas preservou áreas a que se dedicou: sua família, seus lazeres e uma associação que lhe é muito cara.

Você tem todos os recursos dentro de você para se mobilizar, para se proteger, para triunfar. Para que o *burnout* de alguns não se transforme num incêndio que queimará toda a nossa sociedade. Os hipersensíveis, estou convencido disso, um dia salvarão o mundo.

PARA LEMBRAR

- O *burnout* não é um sinal de incapacidade, mas de supereficiência.
- Ele não é consequência de um trabalho excessivo, mas sim de abusos dissimulados.
- A perversidade do sistema é tamanha que as vítimas do *burnout* chegam a se culpar. Mas de quê? De serem entusiasmadas demais?
- Há sinais de alerta de um *burnout*. Abramos os olhos para detectá-los e aprendamos a dizer não àqueles que abusam de nosso entusiasmo – mesmo que isso seja difícil para um hipersensível.

EXERCÍCIO

É de seu próprio entusiasmo que você tem que se proteger.

Para você, a ladeira é escorregadia: você não sabe trabalhar sem se dedicar de corpo e alma.

Você sente que algo está errado; ouça a si mesmo.

Obtenha ajuda para olhar a situação com uma objetividade que você acha difícil conceder a si mesmo.

Com um colega em quem confia, ou com um profissional da saúde, identifique as causas de seu desconforto, encontre as manipulações de que é vítima.

Por fim, estabeleça limites, mesmo que não seja natural para você.

CAPÍTULO 22
DESEMPENHO

▌ A contraprodutividade da roda de hamster

Eu sou um admirador do desempenho, um caminho o qual é impossível adentrar sem entusiasmo, sem um desejo de excelência. Ligado à criatividade, à inventividade, à capacidade de se relacionar com a realidade para abrir-lhe as portas, ele é o terreno fértil em que os campeões são forjados – cada um de nós pode ser o campeão de sua própria vida.

As pessoas hipersensíveis que me leem entenderão. Eu mesmo aprendi a reconhecê-las pela paixão, pelo compromisso com o coração, com as entranhas, com a capacidade que elas têm de se dedicar a uma tarefa por horas, dias, sem querer se mover, comer, dormir. Tomadas por um movimento interior, com todas as suas antenas ligadas, elas se esquecem de si mesmas para se expressar, inventar, se realizar, sair dos processos e alcançar a profundidade da vida.

No entanto, ocorreu um deslize em nossas sociedades. De maneira perniciosa, nosso fascínio legítimo pelo desempenho foi encorajado até chegar à cegueira. Há algum tempo, transformou-se em histeria. Uma histeria do desempenho que inevitavelmente nos leva à nossa destruição.

A histeria do desempenho tem pouco a ver com o desempenho. É uma criação da ditadura do rendimento e de suas colunas de números que não se referem a nada real, onde estamos sempre em falta, nunca fazemos o suficiente, onde somos intimados a nos agitar, onde podemos sempre fazer melhor – em quantidade, em número, mas não necessariamente com inteligência e menos ainda com criatividade. É um ataque de extrema violência contra a humanidade: o indivíduo não é mais do que uma engrenagem de uma máquina. Ao contrário de uma crença que se espalhou como um rastilho de pólvora, essa histeria nem sequer é rentável: ela reduz a totalidade do campo do real a dados extremamente limitados, a protocolos mecanizados que, na realidade concreta, não produzem melhores resultados.

Todos os ofícios, todos os setores estão envolvidos. Os vendedores? Eles são agora chamados de agentes de caixa, e o tempo que dedicam a cada cliente é contado, sob pretexto de acelerar o ritmo. E os recepcionistas? Suas iniciativas pessoais são sufocadas e substituídas por protocolos que incluem do "bom-dia" ao "obrigado". Nos hospitais, os chefes dos setores, os médicos destinam um terço de seu tempo a tabelas, que registram o número de procedimentos realizados, e recebem metas quantitativas a cumprir. Um deles me confidenciou sua consternação: ele "ganha" esse tempo para preencher tabelas sobre aquele que ele imagina ser mais lógico e mais produtivo dedicar aos pacientes. "O tempo dedicado a cada paciente foi reduzido, o número de procedimentos realmente aumentou", disse ele. "Mas todo mundo perde: com a pressa, passamos batido pelos sintomas, pelas doenças, que, identificadas a tempo, permitiriam economias muito maiores ao nosso sistema de saúde pública." Mas ele não tem escolha: se não preencher suas tabelas, terá que dar lugar a outro médico, que, por sua vez, se tornará um hamster preso em sua roda.

A histeria do desempenho assassina o desempenho. É claro que um médico-robô será capaz de reproduzir todos os protocolos, mas, quaisquer que sejam os desenvolvimentos futuros da inteligência artificial, ela continuará incapaz de lidar com o inesperado do cotidiano dos médicos. Um editor-robô fará tabelas analíticas determinando o sucesso esperado de um livro, mas não terá a capacidade de mergulhar nos manuscritos para descobrir assuntos inesperados que o entusiasmarão, novos autores a quem dará uma chance. A fábrica-robô será capaz de produzir 10 mil smartphones por minuto, mas nunca teria sido capaz de inventar o smartphone, nem de continuar a melhorar seus usos captando ou mesmo antecipando as necessidades dos usuários.

Conheço um contador hipersensível. Ele encontrou seu caminho nos números, que o acalmam. Um profissional muito íntegro, muito rigoroso, conhece as regras como a palma de sua mão e não faz concessões. Mas sua empatia lhe dá uma inteligência intuitiva em relação a cada situação, uma capacidade de ver a relação entre as contas e a realidade que está por trás dos números, de fazer conexões que os outros não veem, de às vezes se distanciar de categorias racionais e se aproximar da realidade da vida como ela é. Ele acompanha seus clientes e se compromete com eles, se dedica a imaginar soluções que não são em vão, mas dinâmicas. Ele usa seu tempo e, por causa disso, é muito eficiente.

A histeria do desempenho não impede apenas a excelência: ela é loucura, futilidade, massacre. Seus custos humanos, ecológicos e sociais são espantosos. Ela zomba de qualquer exigência, avança como um rolo compressor, que esmaga tudo em seu caminho. Ela destrói a possibilidade do trabalho, negando-o em sua dimensão de comprometimento. Entretanto, essa dimensão é uma exigência legítima, não só para os indivíduos, mas para a sociedade, para o planeta. Parem os danos: eles já são excessivos.

O prédio onde moro tem uma estranha peculiaridade: a maioria dos GPS indica sua localização a cem metros de distância. Não tenho carro e às vezes uso táxi. Para alguns motoristas, levados pela histeria do desempenho, a realidade não excede a tela do GPS: eles param longe de casa, eu desço rapidamente esses cem metros, e eles mal olham para o passageiro seguinte. Outros têm a curiosidade de verificar se estão no lugar certo e avançam um pouco mais. Nesses poucos metros está a diferença entre aqueles que sabem olhar para o lado e se abrir para outros parâmetros e aqueles que se deixam cegar pela máquina e, finalmente, não veem nada. Os primeiros geralmente sorriem. O desânimo dos segundos me deixa com o coração apertado. A histeria do desempenho, encarnada aqui num GPS, os leva a não viver plenamente sua vida. Presos numa bolha, eles se esquecem do outro, do real.

Os hipersensíveis estão na exigência do desempenho. Por causa disso, eles são as vítimas privilegiadas da histeria do desempenho. Ela corta de sua vida tudo o que diz respeito à criatividade, vontade, vivacidade. Eles não conseguem se conformar. Entre as vozes que hoje se elevam para chamar toda a sociedade de volta à razão, ou seja, a menos robotização e mais humanidade, muitas são as de pessoas hipersensíveis que escolheram não se calar. Elas não se conformaram em ser hamsters, girando inutilmente em sua roda; elas se tornaram a consciência do mundo.

Você recebeu o dom da hipersensibilidade. Você tem uma capacidade superior de detectar, aspirar, relacionar, antecipar, imaginar, ver o real para encontrar novos caminhos. Não deixe que os falsos profetas da histeria coloquem você em perigo: você sabe que as crenças deles são um crime contra a humanidade em nós. O mundo precisa de você. Ensine-o a resistir. A se tornar eficiente.

PARA LEMBRAR

- O desempenho é a paixão do compromisso. Ele não tem nada a ver com a histeria do desempenho, uma engrenagem mortal e cara, inclusive em termos econômicos.
- A histeria do desempenho é inimiga da criatividade, da vontade, da realidade.
- O hipersensível vê o absurdo destrutivo dessa histeria. Ele não consegue se conformar.
- Vigilantes, os hipersensíveis são a consciência do mundo. Eles têm a capacidade de salvá-lo da histeria.

EXERCÍCIO

Buda convidou seus discípulos a avançar como elefantes, não como minhocas.

A minhoca cava seu túnel no escuro e avança sem ver nada. Ela cava e cava, mecanicamente, sem saber para onde vai. Já o elefante avança na luz. A cada passo, ele observa tudo o que está acontecendo ao seu redor. Ele toma seu tempo, se alimenta dele, levado por seu esforço.

A minhoca se esgota, mas a energia do elefante não falha.

Para não sucumbir à histeria do desempenho, seja como o elefante.

Você precisa arrumar seu armário? Não se deixe esmagar pelo número de prateleiras, não faça disso o seu "dever", mas olhe além, dê um significado à sua tarefa, por exemplo, a sua felicidade ou a de seus filhos ao ver esse armário arrumado.

Você se surpreenderá com seu próprio desempenho!

CAPÍTULO 23
ESTRESSE

> "Acalmar-se" é se distanciar do que se vive e do que se sente

Quando, há algum tempo, fui consultar um médico por causa das dores de estômago que estavam acabando com a minha vida, ele prescreveu uma série de exames que não revelaram qualquer disfunção. O diagnóstico caiu como uma bomba: "O senhor está estressado". O que era outra forma de me dizer que eu era culpado. Mas culpado de quê?

A palavra estresse é totalitária. Não a entendo. Depositamos nela tudo o que não nos convém, ou melhor, tudo o que não queremos ver: as emoções, as angústias, a raiva, as decepções. Tal como o *burnout*, o estresse se tornou um termo genérico, talvez conveniente, mas certamente maléfico. Ele nos distrai da necessidade de ter tempo para compreender o que está acontecendo conosco, de procurar a palavra certa para descrever o que estamos suportando, o que estamos sentindo.

Trata-se de pressão, tensão, emotividade? De tristeza porque um ente querido está em apuros, de sofrimento porque um amigo está doente, de fadiga por causa do trabalho extra? De medo? Se tenho de falar em público, é saudável que esteja inquieto: esse ato tem um significado para mim, o estresse me colocará sob uma pressão benéfica, salutar.

Mas então, antes de me apropriar do microfone, tenho dor de estômago porque estou estressado ou porque tenho algo a dizer que é muito importante?

O estresse é uma reação natural, orgânica, observada em humanos, animais e até nas plantas. É a primeira resposta de nosso corpo a uma solicitação – do ambiente, dos pensamentos, das lembranças, das emoções. Graças a ele, os músculos (as fibras para as plantas), a capacidade de concentração, a atenção, e a memória são estimulados e podem reagir.

Se eu fosse uma pedra, não seria estressado. Mas sou um ser humano. E não, não sou "estressado": sou sensível demais, afetado, infeliz, emotivo, estou no limite, nervoso, sob pressão. Se eu não nomeio cada uma dessas realidades, se persisto em escondê-las sob uma palavra que não quer dizer nada, não conseguirei tocá-las, tomar consciência delas para poder, em uma segunda etapa, superá-las.

Não se sinta culpado se lhe disserem que está estressado: você não está em falta. Por que haveria de estar? Porque você leva as coisas a sério? Porque tenta fazer o melhor que pode? Você é hipersensível, empenhar-se totalmente em cada tarefa é a sua força. Posso dizer isso de outra forma: quando não nos importamos, não estamos "estressados", não estamos mobilizados. O que é chamado de "estresse" é o aspecto da exigência, do compromisso, da vontade de realizar as coisas com seriedade. Acreditar que um ator pode subir no palco sem ficar nervoso ou que qualquer um de nós pode ir a um encontro importante sem uma dose de ansiedade é apenas uma ideia abstrata para um modelo louco. Uma fábula inventada para nos "estressar". Uma mentira descarada que priva você de seu problema, que nega seu problema.

Você está "estressado" porque não renuncia à exigência de fazer o melhor que pode. Tudo isso é mérito seu: eu ficaria aterrorizado na frente de um médico ou um piloto de avião que recuasse diante de uma dificuldade. É imposto a você que se desestresse ou administre seu estresse, se acalme, fique zen. Que quantifique seu estresse – "eu sou hiperestressado", "eu estou menos estressado"... Isso é insuportável e desumano.

Não se acalme! Você não é uma máquina a vapor sob pressão mecânica; você é, felizmente, muito mais sutil e complexo do que uma máquina. Não ouça os apelos à "gestão do estresse", à autogestão fictícia de nós mesmos, que se tornou uma religião que nos faz curvar sob o peso da culpa. Não é sonhando em estar calmo que você se acalmará: acalmar-se é apenas evitar o que você está vivendo, o que está construindo, e isso é nocivo. Se você se sentir angustiado antes de embarcar em uma nova tarefa, reconheça sua angústia, aceite-a, encontre-a, discuta com ela, se necessário. Ela é preciosa e levará você ao fim da exigência que o caracteriza.

Não culpo aqueles que usam a palavra "estresse": eles são vítimas da atmosfera ideológica em que mergulhamos. Mas convido você, no momento de pronunciá-la, a parar alguns segundos e recusá-la: não sou estressado, sou muito emotivo, sou inquieto, sou maltratado, sou hipersensível, estou sobrecarregado. Além disso, você não é mais culpado. Você está até mesmo menos "estressado".

Está sobrecarregado? O contrário de "sobrecarregado" é "organizado". Ao identificar o que está acontecendo, você entende a situação e pode, então, adotar as medidas adequadas. Está emotivo demais? Provavelmente você precisa telefonar para um amigo ou dar um passeio para se acalmar. Não seja estressado: assuma suas angústias, sua tristeza, que são próprias de sua humanidade. Você está incomodado porque é humano. Ao nomear o que sente, você encontrará uma maneira correta de agir, celebrará sua humanidade.

Ao passo que, se você apenas se "estressar", acabará se sentindo culpado por ser humano.

Sua exigência é sua beleza, sua dignidade. Continue a ouvi-la, nomeá-la, dê-lhe forma, seja ambicioso com a vida, envolva-se.

PARA LEMBRAR

- O estresse é uma reação natural de qualquer organismo vivo.
- Ele se tornou um termo genérico que nos impede de olhar para o que vivemos, o que experimentamos, o que funciona para nós. Ele nos culpabiliza inutilmente.
- "Acalmar seu estresse" não é se acalmar, mas ter a inteligência para entender o que está acontecendo. Empregar a verdadeira palavra que nomeia essa experiência é um passo indispensável para curar o que está ferido em si mesmo.
- Você não está estressado: você está angustiado, com medo, você tem trabalhado demais, você está incomodado, você é humano.

EXERCÍCIO

Dizemos isso com a mesma facilidade com que respiramos: "Estou estressado".

Convido você a banir essa frase de seu vocabulário e substituí-la pelo que realmente sente.

Atreva-se a dizer: você está cansado, ferido, nervoso, angustiado...

Ao identificar essa realidade, você já está livre dela.

Quando a reconhece, você lhe dá o direito de existir.

CAPÍTULO 24

HOMEM--ARANHA

> Reconectar-se com os poderes da hipersensibilidade

Minha investigação sobre a hipersensibilidade teria falhado em um ponto essencial sem um e-mail que recebi de Éric Safras.

Éric tem uma paixão que cultiva desde a infância: o Homem-Aranha, um dos super-heróis mais populares das histórias em quadrinhos norte-americanas. A razão para essa paixão me intrigava, mas Éric me explicou espontaneamente: "Na escola, eu era tímido, ficava afastado", ele me disse. "Sem ter consciência disso, identifiquei-me com esse personagem cuja principal característica é sua hipersensibilidade. Ele me representava. Tornei-me um grande fã e um fervoroso colecionador." Mergulhei de volta nas aventuras do Homem-Aranha. Redescobri-o com sua dose de fragilidade. Com ele, percebi que estar na norma é a melhor maneira de permanecer inadequado.

O Homem-Aranha é uma bela metáfora para a hipersensibilidade. Nascido em 1962 sob a pena de Stan Lee e Steve Ditko, ele é um personagem atípico em sua América natal. Órfão aos 6 anos de idade, criado por seu tio e sua tia, que não eram abastados, é um sujeito mirrado que, com seus

1,75 metro e 72 quilos, não é muito pesado em comparação com o tipo clássico americano. Estudante do ensino médio, deprimido, com a sensibilidade aflorada, ele é o alvo perfeito dos fortões de sua turma. É tão tímido que mal se atreve a se aproximar das meninas por quem se apaixona e, mais tarde, sofrerá muitas decepções com suas namoradas. Todos os super-heróis são solitários, e o Homem-Aranha é ainda mais do que os outros.

Sob seu nome verdadeiro, Peter Parker, ele guarda um segredo: superpoderes adquiridos depois que foi picado por uma aranha radioativa. Além da força e da agilidade, ele é dotado de uma "sensibilidade de aranha", uma espécie de sexto sentido muito exacerbado: ele "sente" a distância as ameaças que surgem. Em pessoas hipersensíveis, falamos de antenas superdesenvolvidas. E, como ocorre com a maioria das pessoas hipersensíveis, esse dom vai deixá-lo à margem dos outros, da sociedade. Ele tem dificuldades para se encaixar na vida cotidiana. É admirado, invejado, mas ao mesmo tempo assusta.

Nos primeiros episódios, o Homem-Aranha considera ganhar a vida com seu dom e, assim, ajudar seus pais adotivos, que estão passando por dificuldades financeiras. Sem logística, sozinho em seu canto, ele costura seu traje de Homem-Aranha (o que lhe permite esconder sua verdadeira identidade) e todos os acessórios que completam o disfarce. Mas mantém distância de si mesmo, ainda desconfia de si mesmo, não vai até o fim do que é. No entanto, para oferecer seus benefícios, um dom precisa primeiro ser reconhecido e, em seguida, amadurecer, ser trabalhado. Não faz sentido ser talentoso em música, pintura ou matemática se não temos conhecimento desse talento ou se apenas o reconhecemos, sem praticá-lo.

Uma tragédia o fará perceber isso: por negligência, por desdém, o Homem-Aranha deixou escapar um ladrão que poderia ter prendido e entregado à justiça. Algum tempo depois, o tio que o criou é assassinado por esse mesmo ladrão durante uma fuga. Esse drama perturba o Homem-Aranha, com sua sensibilidade exacerbada. "Grandes poderes significam grandes responsabilidades", percebe. Ele aceita ser o que é e coloca-se a serviço dos outros: ele se transforma no superjusticeiro que conhecemos.

No fundo, é uma história banal. Os heróis se revelam graças à capacidade que têm de experimentar um excesso de emoções – a grande característica dos hipersensíveis. Submersos, eles saem da norma que destrói o mundo. Eles não se deixam devorar, mas se levantam para dizer não e inventar possibilidades em situações em que se pensava não haver nenhuma. Eles tiram sua força de sua sensibilidade exacerbada.

> A voz que grita no deserto dessa ilha sou eu, e é por isso que vocês devem me ouvir com atenção. Essa voz diz que todos vocês estão num estado de pecado mortal por causa de sua crueldade com uma raça inocente. Eles não são homens? Não são seres humanos?

Esse apelo foi realizado no início do século XVI, em Santo Domingo, por outro super-herói hipersensível, o padre dominicano Antonio de Montesinos, horrorizado com o massacre dos autóctones, perpetrado havia um século pelos conquistadores, totalmente indiferentes e sob a bênção da Igreja. Montesinos infringe uma regra: ele lança esse grito durante seu sermão, durante a missa, que, no entanto, é toda codificada. Ele escandaliza. Ele ousou porque viu, com seu sentido de aranha, o que os outros não viam. Ele não tem o traje do Homem-Aranha, é apenas um anônimo.

Seu apelo abala os membros de sua comunidade, reunidos para o ofício. Ele lhes abriu os olhos. Eles estavam cegos para o que ele viu por causa de sua hipersensibilidade. Eles se recusam a entregá-lo à polícia do rei. O grito de Montesinos chegará aos ouvidos de outro hipersensível, Bartolomeu de Las Casas, o capelão dos conquistadores. Essa voz que gritou no deserto, anos depois, levará a humanidade a reconhecer os autóctones.

Eu testemunhei uma cena semelhante, em uma escala muito menor, é claro, durante um conselho de administração. Os participantes ratificavam as decisões já tomadas, mas um deles se manifestou contra a injustiça que elas impunham aos funcionários. Ele não aguentou. Sua emoção, sua sinceridade tinham superado a frieza dos processos.

Mais do que nunca, precisamos do heroísmo dos hipersensíveis. Porque eles têm o "sentido de aranha", porque sentem em cada fibra de seu corpo que "algo está errado", porque são capazes de, como o Homem-Aranha, se relacionar com o sofrimento, eles se colocam como uma muralha contra todos os excessos, contra a desumanização do mundo.

Ontem, denunciaram a escravatura. Hoje, esses vigilantes, esses ativistas são os primeiros a "ver" os danos que a cegueira da norma provoca em nosso planeta, em nossa sociedade, e eles têm a coragem, como o Homem-Aranha, de se impor contra todos nós para dizer: "Parem, já chega!". Eles abrem uma forma de resistência que não é uma militância resultante de uma análise lógica e racional, mas de um compromisso profundo e visceral, que a reflexão então alimenta e ilumina. Eles são o futuro de nosso tempo, aqueles que se oporão à brutalidade do humano-rei.

São aqueles militantes chamados de "ultra", comprometidos com a proteção do meio ambiente, com a dignidade dos animais, das crianças, dos adultos escravizados, presos nas fábricas que produzem nosso conforto material. Eles se revoltam, se enfurecem, gritam, são excessivos, são singulares, têm um comportamento humano que transforma nosso mundo e convida a todos a também se tornar hipersensíveis, a agir no mesmo nível dentro do grande projeto que é a salvaguarda de nossa humanidade.

Eles são aquele garoto que, no recreio, rompe o código de silêncio para consolar o alvo da classe – seus colegas ficarão ressentidos, "ficarão de mal dele", talvez até o excluirão, mas ele não pensa nisso quando age. Eles são o executivo sênior que vi ajoelhado na calçada para ajudar uma senhora a se levantar enquanto todos caminhavam indiferentes. Muitas vezes eles têm apenas poderes minúsculos, mas os colocam a serviço de um projeto muito maior do que eles, o nosso projeto coletivo para o futuro da humanidade.

O Homem-Aranha é estranho. Ele não é como os outros. Os heróis do dia a dia também são estranhos. Isso é o que os salva, o que nos salva a todos. Éric Safras, que conhece o Homem-Aranha como a palma de sua mão, é muito claro: "Sem suas qualidades de hipersensível, sua fragilidade, sua timidez, que a sociedade erroneamente considera como falhas, ele seria uma máquina de matar. Graças a elas, em todas as lutas ele controla seus golpes. É assim que ele se torna um verdadeiro herói".

O Homem-Aranha – e além dele todos os hipersensíveis que eu conheço – faz parte da linhagem de grandes figuras mitológicas, dos heróis dotados de uma deficiência que favorece suas façanhas, que os leva a vencer onde outros falharam. O historiador das religiões, Georges Dumézil, fala de "mutilação qualificadora", uma fraqueza ou enfermidade da qual surgem imensos poderes: ela literalmente torna seu portador um sobre-humano.

Odin é um deus cego de um olho – ele o perdeu, mas em troca adquiriu a capacidade de ver melhor as dores de todos os humanos. Ele "sente" mais do que os outros porque dois corvos lhe dizem tudo o que veem nos nove mundos. No panteão escandinavo, ele é dotado, graças aos seus dons, de múltiplas funções – ele é o deus da vitória e do conhecimento e o patrono dos mágicos, poetas e profetas.

Tyr é um deus de um só braço que sacrificou sua mão para ganhar a confiança de um lobo. No panteão germânico, ele representa a lei, a justiça, ao contrário da desordem e da desonestidade. Que qualidades hipersensíveis!

Eu poderia também mencionar o celta Nuada, os indianos Savitri e Bhaga... e ainda os deuses dos panteões de nossas crianças e adolescentes, que sabemos que continuam: os heróis dos *comics*, dos mangás, das HQs. Obelix, tão forte, mas tão tímido e sensível, Nicky Larson, constantemente dominado por suas emoções... Cada um, à sua maneira, encarna uma fragilidade e, entre o humor e a fantasia, mostra-nos como nos alegrarmos, não apesar de nossa extrema sensibilidade, mas com ela.

O mais espantoso é que, enquanto esses heróis nos tocam, remetendo ao nosso cotidiano, nós nos esquecemos do que eles nos dizem e nos sentimos culpados por nossas singularidades.

Não se contenha: mesmo quando você não está vestindo seu traje de Homem-Aranha, o "sentido aranha" permanece em você.

PARA LEMBRAR

- Sem uma extrema sensibilidade, os heróis não podem ser super-heróis. Essa hipersensibilidade explica seus poderes e a capacidade de ver o que os outros não veem.
- As aventuras dos super-heróis são os mitos de hoje. Elas nos ensinam como realizar uma tarefa essencial agora: fazer as pazes com nossa hipersensibilidade.
- A hipersensibilidade é uma grande qualidade que nos ajuda a lidar com as dificuldades de nossa vida e, de modo mais geral, com as que a sociedade como um todo enfrenta.

EXERCÍCIO

Não contenha sua hipersensibilidade: ela é ouro em suas mãos. Ao rejeitá-la, você está se privando desse ouro.

Você é tímido ou está nervoso? Procure o poder que está escondido atrás daquilo que considera ser o seu defeito.

Na verdade, você sente com especial delicadeza tudo o que acontece quando está com alguém.

Em vez de se culpar, afundando em sua timidez ou nervosismo, sendo assombrado por eles, saia de si mesmo e explore os recursos que lhe são revelados.

Eles serão um ponto de partida maravilhoso para o desenvolvimento de sua criatividade.

CAPÍTULO 25
APAIXONADOS

| As quatro maravilhas da hipersensibilidade

Longe de ser um domínio reservado a alguns, a hipersensibilidade é um estado que cada ser humano encontra numa ou noutra altura de sua vida: por ocasião de um luto, de uma crise, de uma fragilidade... ou quando se apaixona. De repente, estamos lá, completamente abertos, nus, receptivos, sapateando de impaciência, de desejo, de entusiasmo, de medo, de emotividade, de sensibilidade multiplicada, que se sobrepõem à felicidade, à ansiedade, ao entusiasmo, ao medo de não estar à altura. Saímos do regime comum e de seu sistema de filtros reguladores.

Estar apaixonado é uma experiência radical de hipersensibilidade: o apaixonado fica abalado, tocado, eletrizado, perturbado, aflito, desestabilizado por uma mudança de ordem, por uma perda de suas referências que o tira dos trilhos. A vida resplandece, sai do ordinário, da mediocridade. De repente, ele vê despontar em si as quatro maravilhas que caracterizam todos os estados hipersensíveis. E que é uma pena não explorar pelo menos uma vez na vida!

Maravilha nº 1: você se sente plenamente vivo.

Você tem a impressão de que, até agora, só fingia viver. Você estava no cinza; de repente o mundo se abre para você, colorido, caloroso, verdadeiro. As barreiras artificiais entre a razão, as emoções, o corpo e os sentidos são suspensas. Tudo se entrechoca, você está apenas vivo, tudo está vivo à sua volta. Você estava no inverno e descobre a primavera. Você dormia, agora despertou. Um perfume, uma silhueta, uma música, uma frase transportam você; seus pensamentos, as ideias brotam e se misturam. Você espreita e tem razão, porque todas as possibilidades são suas. Sua alegria é intensa.

Maravilha nº 2: você está conectado a tudo.

Você saiu do confinamento em si mesmo, está livre, se abre para o mundo, e esse sentimento de extensão de seu ser é infinito. Você transborda por todo o universo. Caminha pela rua, sente a luz e não se contenta em somente vê-la; ela lhe diz respeito, não é um espetáculo, mas uma amiga que fala sobre o ser amado. Você cruza com uma criança em sua bicicleta; ela não é apenas uma criança, é a própria infância, que está lá para você, que lhe sorri, que mexe com você. Todas as barreiras que você ergueu para se proteger explodiram, os antolhos desapareceram. Sua sensibilidade está em efervescência, suas antenas estão a postos, seu coração está dilatado, tudo te interessa, comove, desperta, tudo te sacode. Você está hiperempático, vibrando a cada estremecimento do outro. Deslocado por uma presença contínua ao seu lado, em seus pensamentos; você não está mais em um controle lógico, intelectual, cerebral da realidade, mas em outro regime de presença no mundo. Na rotina da vida ordinária, a perda de controle o aterroriza. A partir de agora, você a aceita, a exige, ela se torna sublime. Já não tem senso de proporção: uma palavra anima, transforma seu dia. Em *A divina comédia*, Dante conta do "amor que move o céu e as outras estrelas". É o lado poético, quase mágico da dimensão do amor; é também o outro lado da hipersensibilidade.

Maravilha nº 3: seu coração canta.

E você também canta, cantarola, tem coisas para dizer, quer falar mesmo que seja para não dizer nada. O seu coração transborda, você se sente rico, dono de um tesouro maravilhoso que tem vontade de compartilhar. Você é tomado por uma necessidade irreprimível de se expressar, de modo a não ser esmagado pela intensidade do que está vivendo. Você sai de sua reserva e se deixa levar. Sensível aos menores detalhes, você emerge da mediocridade, vê o mundo mais bonito. Você está transpassado, comovido, emocionado; você sente, ressona, empatiza com tudo o que existe. Tudo canta à sua volta e você se torna um poema, uma canção, uma celebração da existência. Você é o Werther de Goethe afirmando: "Nesses pensamentos eu me perco, eu sucumbo sob os poderes dessas visões magníficas". Uma frase que fala de amor, mas que resume todos os elementos da hipersensibilidade: somos oprimidos pelos sentimentos, ficamos perdidos no excesso de emoções, sucumbimos à presença do outro, ficamos maravilhados. Estamos no excesso

Maravilha nº 4: a felicidade de chorar.

As lágrimas são uma verdade profunda, física, orgânica, um conhecimento íntimo que te faz viver. Quando você está apaixonado, elas são o transbordamento de suas emoções. Elas estão além da habitual diferença entre alegria e tristeza; elas contam da amplitude do deslumbramento que você sente e que não é dito em palavras. Elas se tornam o sinal de sua reconciliação com você mesmo, com seu coração. Essas lágrimas são ricas, cheias, intensas. Não as contenha, não se censure. Aceite-as, deixe-as brotar; elas estão na medida das asas que você sente crescer, da força que te move. Elas fazem um bem enorme.

O estado de paixão fornece uma força cuja origem é o despertar da vida em si. Porque você está vivo, você está conectado, você quer se expressar porque sabe que está finalmente tocando em algo verdadeiro. Um enigma nunca deixa de me desafiar: por que todos aspiram a se apaixonar? E por que, ao mesmo tempo, desconfiam da condição gêmea, que é a hipersensibilidade?

O hipersensível tem a sorte de viver permanentemente com as quatro maravilhas. Nem sempre é confortável, claro, mas é tão excitante! Recupere a confiança nessa intensidade de existência. Tantos passam a vida toda à procura dela, inclusive por meio de filmes românticos, romances, poesia. Quanto a você, ela está ao seu alcance todos os dias, faz você tocar no sublime todos os dias.

Com essas quatro maravilhas, você tem um trunfo: sabe como acessar facilmente a felicidade.

PARA LEMBRAR

- Há muitos pontos em comum entre o estado da paixão e o estado de hipersensibilidade.
- Eles não são necessariamente confortáveis, mas continuam sendo os mais maravilhosos estados da existência.
- Estar apaixonado não é um problema. Ser hipersensível também não.
- Esses dois estados despertam as quatro maravilhas que são o tempero da existência: elas são belas, verdadeiras, vivas e justas.

EXERCÍCIO

Você pode, em cada momento de sua vida, experimentar microdoses de um estado amoroso que lhe permitem cultivar as quatro maravilhas, inclusive com um amigo ou uma amiga por quem não está apaixonado!

Permita-se sentir por alguns minutos o quanto essa pessoa mexe com você sem um motivo específico.

Você tem vontade de dizer que a ama, uma palavra muito simples, mas fica intimidado.

Pegue a coragem com as duas mãos e deixe seu coração falar.

Autorize sua hipersensibilidade a jorrar, mesmo que lhe pareça estranho, desconfortável.

Sua relação com você e com o outro será transformada. Experimente. Vale a pena.

CAPÍTULO 26

SEXUALIDADE

| Explorar, descobrir, sentir: a sorte de ser
| hipersensível

A sexualidade é desmedida. Obviamente não estou falando da ficção da pornografia, onde tudo é falso, mas da sexualidade em sua plenitude. Acreditar que ela pode ser realizada fora do registro da hipersensibilidade é uma ilusão: ela não pode existir sem a intensidade da plenitude, sem confiança, sem a aceitação de cada um de sua humanidade, suas confusões, suas vertigens, suas emoções. De sua hipersensibilidade.

Por que a sexualidade é, ao mesmo tempo, perturbadora e deliciosa? Encontrei a mais bela resposta para essa pergunta na epopeia de Ulisses, o herói da Guerra de Troia.

Seu regresso a Ítaca, para junto de sua esposa, Penélope, será um longo périplo repleto de aventuras extremas, mágicas e estranhas, aventuras em que as fronteiras entre os mundos são abolidas, contadas por Homero na *Odisseia*.

Uma dessas etapas leva Ulisses a Ogígia, a exuberante ilha da ninfa Calypso. Calypso é uma rainha de beleza absoluta, na medida, ou melhor, no excesso da perfeição de sua ilha. Os deuses estão sob seu charme, mas é por Ulisses que ela se apaixona. Ele próprio não fica insensível a isso e prolonga sua estadia ao lado dela. O texto de Homero evoca de forma pudica: "Eles chegaram ao fundo da caverna profunda onde viviam juntos e se entregaram ao prazer".

Ulisses está deslumbrado, seus sentidos estão plenos, mas lhe falta alguma coisa: a profundidade de sua relação com Penélope. Ele decide ir embora. Calypso, que o ama, tenta detê-lo. Ela está pronta para lhe oferecer a imortalidade, mas, apesar de tudo o que experimentou em seus braços, ele rejeita esse presente:

> Perdoe-me, ninfa real, eu também sei de tudo isso, sei que a sábia Penélope não oferece nem a sua beleza, nem a sua estatura, ela é mortal. Você ignora a idade e a morte, e, no entanto, eu espero e desejo a todo momento encontrá-la em casa e viver a hora do retorno.

Ele renuncia a um mundo onde tudo seria cômodo, fácil, onde seus sentidos seriam permanentemente preenchidos. Prefere continuar a viver os problemas peculiares de todo hipersensível, a intensidade, a alegria, as lágrimas, os sofrimentos, a raiva, o excesso. Ele escolhe o risco e a dificuldade, a certeza da morte, uma mulher que envelhece. Isso pode, de fato, parecer surpreendente. Sigamos com a história.

Anos depois, Ulisses finalmente volta para casa. Ele encontra Penélope. Ela não tem nem a beleza nem os poderes de Calypso. Mas ao seu lado ele desabrocha por completo. Sua sexualidade é realizada porque se alimenta de uma dimensão complementar. Homero narra com as próprias palavras: "Quando desfrutaram dos prazeres do amor, eles se entregaram ao prazer da palavra, e cada um contou ao outro sobre suas preocupações. Ela tinha prazer em ouvi-lo e não adormeceu até que ele lhe tivesse contado tudo".

A escolha humana de Ulisses é a da relação profunda, com uma história, com riscos, com o compartilhar desses riscos. Ele afirma a sexualidade como uma dimensão da existência que vai além da proeza técnica e que merece ser reconhecida. Uma experiência hipersensível que apela para todas as nossas faculdades, todas as nossas antenas: emocionais, intelectuais e, claro, sensoriais.

Ulisses poderia ter se tornado um deus. Ele preferiu permanecer humano para viver essa experiência, essa loucura saudável que é a verdade humana. Quando outros sonhariam em encontrar sua Calypso, ele compreendeu que a sexualidade é muito mais do que Calypso: é uma aventura, um risco que surpreende, desloca, perturba, escapa do controle, um lugar de absoluta sinceridade, inteiramente habitado, portanto, humano, em vez de perfeito. Quando dois seres fazem amor, o céu e a terra se encontram.

A história de Homero está a milhares de quilômetros de distância daquela contada por nossa mídia, que reduz a sexualidade a alguns momentos quantificados, a estatísticas, a médias. Sob a pena do autor, ela vai além do corpo, é também a palavra que se apoia no corpo e nos faz mais vivos, menos etéreos, menos abstratos. Torna-se um ato hipersensível por natureza.

O hipersensível sabe, melhor do que os outros, que seu corpo não está separado de sua inteligência ou de suas emoções. Ele sabe como deixar cair a máscara, atreve-se a se aventurar pelo desconhecido, onde o campo fragmentado e caótico da realidade toma forma, se desdobra, deixa de ser doloroso para se tornar excitante, emocionante, na medida do excesso que fervilha dentro dele.

A estranheza o levará para fora da estrutura conhecida. Você se entregará mais quando estiver ancorado na confiança, assentado na segurança.

Não tenha medo de sua humanidade; ela é um dom, uma oportunidade extraordinária. Entregue-se a ela.

PARA LEMBRAR

- Permitir que sua hipersensibilidade exista é a condição para uma sexualidade realizada.
- A sexualidade nos ensina a fazer as pazes com nossa hipersensibilidade: quando fazemos sexo, é incrível ser hipersensível!
- Em sua epopeia, Ulisses nos dá uma lição magistral: não se culpar por ser humano.

EXERCÍCIO

Aceite perder o equilíbrio.

Com seu parceiro ou sua parceira, aproveite o tempo para explorar todas as margens de sua intimidade.

Conforte-se na segurança da relação para se expor além das normas que não só nos sufocam, mas também, acima de tudo, nos impedem de confiar em nosso corpo, nossa sensibilidade, nossas emoções, nosso inconsciente.

Eles sabem do que precisamos para nos sentirmos plenos.

CAPÍTULO 27
MEDITAÇÃO

| Não culpe o mar por ter ondas

Na primeira vez que meditei, há quase trinta anos, senti que finalmente tinha o direito de ser. Eu não precisava mais chegar a algum objetivo, não precisava mais me acalmar, só precisava me deixar em paz. Naquele dia, senti-me autorizado a experimentar minha hipersensibilidade, a me deixar submergir por meus pensamentos, a me comover, a estar ao mesmo tempo triste e feliz, a sentir dor nas costas naquela posição desconfortável. Eu estava numa profunda e radical aceitação de minha pessoa. Meu alívio foi imenso. Sob a orientação de meu primeiro iniciador, Francisco Varela, e dos grandes mestres tibetanos, eu estava simplesmente aprendendo a reviver.

Os anos se passaram e eu fiquei preso no tempo, numa prática que se generalizou a partir de outro modo de meditação. De repente, já não me impunham mais que meditasse para ser eu, mas para chegar a um estado particular de calma. Para isso, eu tinha que aprender a ver minhas emoções, meus pensamentos, que supostamente passavam pela minha mente como uma nuvem que atravessa o céu, até que o céu ficasse sem nuvens. Mas meu céu nunca se limpava. A meditação se transformou numa espécie de combate, mas eu não conseguia – um hipersensível nunca consegue fazê-lo. Quanto mais meditava, pior me sentia. Quanto mais praticava, mais desanimado ficava. Minha vida se contraía. Eu me culpava por não "ter sucesso", perdia a confiança em quem eu era.

Havia me esquecido de que a meditação tinha sido capaz de me aliviar, de me fazer esquecer meu medo, de me fazer tocar em algo muito maior do que esse medo. Estava completamente desanimado. A meditação então me fazia mais mal do que bem.

Minhas perguntas, minhas dúvidas, o tempo, os riscos da existência mais tarde me levaram a reler os primeiros ensinamentos que recebi. Meditar, dizia-se, é se abrir incondicionalmente ao que se vive, como se vive. É um trabalho de escuta e aceitação. É a arte de fazer as pazes com a sensibilidade, respeitando-a, dando-lhe espaço, sem julgá-la, sem rejeitá-la, sem se ressentir.

Por que eu tinha perdido a fé em algo tão simples e escolhido usar a meditação para me culpar, no fundo, por ser hipersensível? Lembrei-me de que, com meus primeiros mestres, eu não olhava para meus pensamentos como uma nuvem, mas me permitia senti-los em todo o meu corpo. Eu não me isolava de minha experiência; pelo contrário, eu me aproximava dela até me tornar plenamente presente, me estabilizava em seu contato.

Escolhi me reconectar radicalmente com esse espaço de meditação feito de atenção e presença, onde já não me ressinto de minhas fraquezas, onde me relaciono mais profundamente com elas para que a força surja. Abandonei todos os projetos, todos os objetivos. Comecei a meditar outra vez. Meditar é ficar em paz. É uma atitude de bom senso que permite nos ancorar, ser mais fortes para enfrentar nossos problemas, para transformar nossas dificuldades. Assim, hoje fiquei magoado com a desagradável reflexão de um amigo. Esse episódio me deixa obcecado, eu não entendo. Não me serve de nada tentar "esvaziar a cabeça" ou inspirar e expirar para me controlar: minha cabeça não é "esvaziada" por um esforço de minha vontade. Por outro lado, é importante perceber que sentir o que sinto não é uma culpa que tenho de apagar. Quando a emoção se manifesta, não posso reprimi-la me afastando dela, porque não sou um robô, mas um ser humano, com seus afetos, suas emoções, suas percepções, sua subjetividade.

"Acalmar-se" é o oposto de "explodir". Essas são as únicas duas maneiras que nos são apresentadas: reprimir minha raiva ou deixá-la explodir. Meus mestres me transmitiram uma terceira via completamente diferente. Nela, eu devo examinar o que sinto, como se usasse um microscópio. Não se trata de interrogar esse sentimento, de comentá-lo, mas apenas de explorá-lo objetivamente, numa atitude de abertura e benevolência. Sim, fiquei magoado e sinto uma emoção.

Começo aceitando essa emoção, mesmo que ela não seja agradável. Depois a delimito. Onde é que a sinto fisicamente? Na garganta, no peito? Vou interrogá-la: qual é sua textura, qual é sua cor? É vermelha ou amarela, pontiaguda, afiada, quente? Não a evito, pelo contrário, chego o mais perto possível da experiência que vivo, questiono-a, vou sem medo ao seu encontro, em vez de fugir dela.

Só então conseguirei colocar essa experiência em palavras. É mesmo raiva? Ou seria medo, preocupação ou humilhação? À medida que avanço, percebo que minha emoção me esmaga muito menos. Eu a reconheci, a nomeei, a aceitei, autorizei-a a existir. Ela não me persegue mais. Já estou aliviado, me sinto melhor. Ela pode partir.

Enfim, volto à minha presença corporal, essa atitude fundamental em que me deixo em paz. Estou enraizado no chão, permito-me ser como sou. Para me ajudar a me enraizar ainda melhor, posso sentir o espaço à minha volta, à minha frente, minha respiração, o contato do meu corpo com a almofada ou a cadeira – pode-se muito bem meditar em uma cadeira, se quiser. Abro meu campo de percepção para estar no presente sem me concentrar em meu problema – que muitas vezes não existe mais.

Meditação não é introspecção. Ela não consiste em pensar, mas em sentir. Só depois verei como agir. Conversar com esse amigo? Contar-lhe a raiva que senti? Virar a página? Primeiro era preciso ouvir o que essa raiva tinha a me dizer.

A pessoa hipersensível, que sente emoções intensas constantemente, não é culpada por não estar calma. Ela não pode se forçar a se acalmar. Sua sensibilidade não é uma tara, mas uma abertura ao mundo extraordinariamente fecundo. Suas emoções não são fardos, mas dons que a ligam ao mundo, aos outros. No entanto, o modelo de meditação que é transmitido hoje nos nega em nosso ser e pode ser extremamente perigoso. Suas consequências são, em todo caso, desastrosas.

Recebo com frequência, durante as oficinas que conduzo, sobreviventes da meditação: eles foram destruídos por ela porque se isolaram de sua experiência, em vez de explorá-la. Compreendo-os ainda melhor porque eu mesmo passei por essa provação. Os terapeutas ainda vêm me contar sobre as devastações de certa prática de consciência que só consegue afastar os indivíduos de suas emoções: por quererem ser calmos, eles colocam sob o tapete, escondem, dissimulam seus problemas. No entanto, esses últimos não desaparecem: continuam a trabalhar neles, transformam-se em obstáculos.

Eu recebi em um seminário uma empresária que tinha vendido sua empresa dois meses antes e não conseguia se recuperar desse acontecimento. Ela tinha se tornado uma funcionária e pensava que tinha cometido um erro. Acompanhei-a para meditar sobre o que ela sentia. Ajudei-a a observar seu rancor, sua angústia, seus medos. Ela os confrontou, os interrogou e entendeu que não se arrependia dessa venda, nem de seu novo *status*, mas sentia falta da sociedade que tinha formado com seu parceiro. Houve uma época em que eles se falavam todos os dias, tomavam decisões juntos, recebiam as boas e as más notícias juntos. Ela estava sozinha hoje. Ela sentia saudade daquela parceria, nada mais.

Não culpe o mar por ter ondas, não se zangue com o vento porque ele sopra, não ceda à decepção se as árvores crescem: é isso o que a meditação ensina. Ame a vida.

PARA LEMBRAR

- Qualquer forma de meditação, e mais amplamente qualquer técnica, qualquer abordagem que o leve a condenar suas emoções e se sentir culpado por senti-las provavelmente não é benéfica para você.
- Seja qual for o caminho escolhido, ele deve ter como objetivo que você se reconcilie consigo mesmo, faça as pazes, viva sua essência, abrace suas emoções e suas contradições.
- Meditar e viver não é se acalmar, é ficar em paz.

EXERCÍCIO

Sentir-se em paz é o portal para todas as formas de meditação.

Deixe de lado a ideia de que praticará e sente-se em sua cadeira ou almofada. Mantenha-se aberto a tudo o que acontece. Você está enfim disponível.

Você ouve, você vê, tem tensões em seu corpo, você pode estar com raiva ou pode estar com dor.

Não lute.

Cumprimente tudo o que percebe, tudo o que sente e tem o direito de existir.

Entre com calma nessa experiência, leve o tempo de que precisar, ouça a si próprio.

Se surgirem julgamentos – "eu não consigo", "eu quero fazer outra coisa" –, basta reconhecer que isso é o que está acontecendo agora com você.

Essa é a prática.

Esses poucos minutos o abrirão para a realidade de quem você é.

CAPÍTULO 28
ARTE

| O demais que faz bem

Eu tinha 13 ou 14 anos quando meu pai recebeu um presente que o surpreendeu: dois ingressos para um concerto de música clássica. Ele não era particularmente interessado em arte ou música; essas áreas pareciam-lhe reservadas a um público culto, conhecedor, diferente, à parte. A ideia de se encontrar com essa elite numa sala de concerto parecia-lhe ridícula.

Não sei o que me levou a pedir para ir junto. Eu nunca tinha ouvido música clássica, sabia que meus pais estavam muito ocupados com o trabalho, mas senti que precisava ir de qualquer jeito. Minha insistência foi o suficiente: meu pai concordou.

Naquela noite, na sala que era realmente belíssima, eu chorei muito. Assim que as primeiras notas surgiram, senti que a música transbordava em meu coração. Eu compreendia, sem saber como nem por que, o que ela dizia. Eu estava transtornado até o mais profundo do meu ser. Cada silêncio, cada nota, cada impulso da orquestra me despertava e expressava muito melhor do que eu emoções às quais eu raramente tinha acesso com tanta verdade. Fui levado por um movimento que me impulsionava a sentir ainda mais profundamente, a vibrar como nunca tinha vibrado. Ao lado de meu pai, no meio de todos aqueles desconhecidos, eu estava autorizado a experimentar um excesso que, dessa vez, me fazia bem, tinha uma forma, uma figura que eu não conseguia identificar ou expressar. Eu me abria, estava feliz.

Depois dessa experiência incrível, atrevi-me a visitar sozinho um museu. Eu adorava desenhar, mas minha falta de cultura artística tinha sido, até então, um obstáculo para meu entusiasmo. Não olhei para as pinturas como um especialista, mas meu coração estava lá: eu havia me encontrado diante daqueles rostos, daquelas poses, que expressavam sofrimento, alegria, medo, preocupação. Eu os reconhecia: eles davam vazão aos sentimentos que eu sentia. Eles os sublimavam.

Eu tinha 27 ou 28 anos quando fui convidado para ensinar meditação em Londres. A sessão durou vários dias e os organizadores me acomodaram com um historiador de arte. John Steer tinha mais de 70 anos e uma longa carreira. Eu tinha começado a frequentar museus, mas estava longe de ser um conhecedor. Uma tarde, ele me convidou para acompanhá-lo até a National Gallery.

Steer certamente já havia dedicado horas de ensino a cada pintura que estava exposta. No entanto, parava na frente de cada uma como se a visse pela primeira vez. Pensei que ele me explicaria as técnicas, mas só me falava sobre as imagens que os quadros evocavam. E me convidava a observá-las.

Eu era jovem e pouco esclarecido: atrevi-me a fazer uma pergunta que nunca faria hoje. Perguntei-lhe qual era o quadro mais belo do museu. Ele não se deixou desconcertar e me levou até uma tela de Ticiano, *Noli me tangere* [Não me toque], representando Cristo e Maria Madalena. Fiquei espantado: estávamos no meio de obras-primas, e ele apontou para uma das pinturas que achei menos interessantes, das mais mal pintadas. Sem dúvida, foi possível ler a decepção em meu semblante, então ele me explicou: a paisagem, que era real; a árvore, que era uma árvore real; o espaço, que ganhava vida; e então o gesto surpreendente de Cristo, que, dizendo a Maria Madalena para não o tocar, envolvia-a com ternura, a acolhia. Esse quadro se metamorfoseou. Diante desse Ticiano, experimentei um de meus maiores choques artísticos.

Durante anos, continuei indo a Londres para acompanhar John Steer a museus. Ao lado dele, aprendi a olhar para as telas de um jeito novo, a partir numa aventura com o que via, o que sentia, a me transformar pelo simples fato de olhar um quadro. Ele não me ensinava história da arte, que mais tarde eu estudei na universidade, mas a forma como eu poderia confiar em minha sensibilidade para ter acesso aos maiores tesouros da humanidade.

Fico consternado ao perceber como nossa relação com a arte se tornou abstrata, intelectual. É uma questão de cultura, de conhecimentos, de discursos, nunca de educação da vida, das emoções, dos sentimentos. Mas uma obra de arte é um remédio! Aristóteles foi um dos primeiros a afirmar isso.

Ele partiu de um fato surpreendente: no final de uma apresentação de teatro, de música – acrescentaríamos hoje uma sessão de cinema –, ele constatava que os espectadores estavam muito melhores: eles ganhavam alegria de viver, vivacidade, entusiasmo. Aristóteles desenvolveu assim a sua teoria de "purgação das emoções".

Cada obra, diz ele, tem um valor catártico no sentido mais amplo do termo – a *catarsis* dos gregos refere-se à ação de purgar, limpar, purificar. Na *Poética*, ele descreve os indivíduos "entusiasmados, possuídos", que hoje seriam descritos como hipersensíveis, e "que se acalmam sob o efeito de melodias sagradas, cada vez que recorrem a melodias que enviam a alma para fora de si mesma, como se tivessem encontrado nela remédio e expurgo".

Na *Política* ele vai mais longe:

> Nada é mais poderoso do que o ritmo e as canções da música para imitar o mais verdadeiramente possível a cólera, a bondade, a coragem, a sabedoria e todos esses sentimentos da alma, e também todos os sentimentos que se opõem a eles. Os fatos são suficientes para demonstrar como a mera narrativa de tais coisas pode mudar as disposições da alma.

Herdeiros dessa teoria, Jung e Freud falarão de "sublimação", emprestando esse termo da química, em que designa o processo pelo qual um corpo sólido se transforma diretamente em um corpo gasoso sem passar pelo estado líquido. Na psicanálise, esse processo, encarnado em particular nas artes ou nas práticas religiosas, abre caminho para a valorização das emoções, em vez de sua asfixia: elas se tornam mais leves, já não nos pesam, já não nos põem em perigo. Elas têm o direito de existir. A pessoa hipersensível tem sempre medo de ser tomada por suas emoções, esmagada por elas. A arte lhe permite reconhecê-las, dar lugar a elas, aceitá-las, libertá-las. Significa para ela que a dor, as angústias, o sofrimento têm sua nobreza e estão inscritos no contrato com a vida. Uma música, uma pintura, um filme têm o poder de nos capturar e transformar, sublimando nossas emoções de forma harmônica.

Eu sonho com um museu onde os visitantes usariam fones de ouvido digitais que não os convidariam, como acontece, a receber passivamente as informações para entender, mas que os guiariam por uma verdadeira experiência. Que os levariam a um choque que transforma o ser através do júbilo. Que também lhes ensinariam coisas, porque o conhecimento não é apenas intelectual; ele é, acima de tudo, sensível.

É nisso que insistia Hannah Arendt, que provocou um escândalo em sua época ao declarar que "é tão útil, tão legítimo olhar para uma pintura para aperfeiçoar o conhecimento de um dado período, como é útil e legítimo usar uma pintura para fechar um buraco em uma parede". Incriminando "a própria palavra da cultura" por ter se tornado "suspeita", ela lembrava que "a qualidade mais importante e fundamental" de uma obra é "deleitar e emocionar o leitor ou o espectador para além dos séculos". E ela tinha tanta razão...

Quando você for a um museu, não tente ver tudo! Procure o quadro que te interessa, que te toca. Dê-lhe tempo para ele te tocar. É muito mais simples do que você imagina. Você pode hesitar no início porque não se atreverá, porque foi ensinado a contar, a pensar, a ser lógico, mas nunca a sentir.

Dê o primeiro passo, ouça seu coração, você se surpreenderá ao ver como é fácil.

Mesmo seu sofrimento, até sua raiva, vão levá-lo a um espaço infinito onde finalmente você fará as pazes consigo mesmo, com a humanidade.

PARA LEMBRAR

- Uma obra de arte, seja ela qual for, não está lá para nos educar, mas para nos fazer bem.
- O poder catártico da arte tinha desafiado Aristóteles e foi posteriormente retomado por Jung e Freud. A obra permite que façamos as pazes com nossa sensibilidade, dando-lhe uma forma.
- A arte nos permite dar espaço às nossas emoções, reconhecê-las, aceitá-las.
- A hipersensibilidade é uma grande qualidade que dá acesso à arte do mundo todo.
- Não há emoção ou dificuldade que uma obra de arte não possa transformar.

EXERCÍCIO

Dê o primeiro passo, empurre a porta de um museu.

Não se deixe impressionar nem pelo público, nem pelas obras.

Escolha um dos menos conhecidos para evitar a multidão ao seu redor e permita-se mergulhar no que vê.

Aqui, uma taça de morangos faz você se lembrar de sua avó.

Ali, um gesto de ternura que você não ousa fazer a si mesmo, um olhar benevolente, uma raiva, um convite à ação.

Evada-se para viver uma experiência de abertura, uma experiência mais simples do que imagina, mas profundamente verdadeira.

CAPÍTULO 29

A PRINCESA E A ERVILHA

| Por que assumir sua vulnerabilidade

Era uma vez um príncipe que queria se casar com uma "verdadeira" princesa. Ele tinha viajado por toda a Terra, conhecido dezenas de princesas, mas nenhuma delas parecia ser "verdadeira".

Depois dessa longa viagem, ele voltou para casa, muito triste e sem uma noiva.

Numa noite tempestuosa, alguém bateu à porta do castelo. Era tarde, os criados já estavam deitados, e o próprio rei desceu para atender. Diante dele havia uma jovem. Ela estava encharcada, o cabelo pingando, a água entrava em seus sapatos e saía pelos saltos. Ele ficou horrorizado com esse espetáculo. E, com isso, ela fingia ser uma verdadeira princesa que queria abrigo. Ele a deixou entrar.

Desde as primeiras linhas, esse conto, publicado por Andersen quando ele tinha apenas 30 anos, é rico em ensinamentos. Primeiro, e nós esquecemos disso com frequência, não podemos confiar nas aparências. Durante suas viagens, o príncipe tinha visto muitas princesas vestidas de ouro e prata, mas nenhuma conseguiu convencê-lo de sua autenticidade.

Diante dessa jovem que bate à noite na porta do castelo, ensopada, suja, sozinha, o velho rei tem a sabedoria de não fechar a porta. Cada ser, no fundo, talvez seja uma verdadeira princesa, porque cada um tem em si a capacidade de estar em harmonia com sua profunda humanidade. O hipersensível às vezes parece tão perdido, tão perturbado, que dá a impressão de estar distante de sua humanidade. Ficamos surpresos com sua estranheza; ela pode, inclusive, ser assustadora. É preciso olhar para além das aparências.

A rainha, mãe do príncipe, se junta ao seu marido. Ela, por sua vez, ouve a história da jovem e lhe oferece abrigo. Ela diz ser uma verdadeira princesa? A rainha, que desenvolve um olhar profundo sobre a realidade, prepara uma cama para a jovem passar a noite. Ela retira toda a roupa de cama, coloca uma ervilha sobre o estrado e o cobre com vinte colchões, depois com vinte cobertores.

De manhã, a rainha pergunta à princesa como foi sua noite. A jovem tinha a aparência de cansaço. Ela agradeceu de forma muito amável aos seus anfitriões pela hospitalidade, mas confessou não ter fechado os olhos: "Só Deus sabe o que havia naquela cama. Eu estava deitada em cima de uma coisa tão dura que tenho manchas roxas e pretas pelo corpo todo!". "Uma pele tão sensível", disse a rainha, "só pode ser a de uma verdadeira princesa". O príncipe, finalmente realizado, casou-se com ela. A ervilha, diz-se, ainda está em exposição no armário de tesouros do reino.

Meu afilhado, a quem contei essa história para reconciliá-lo com sua própria hipersensibilidade, ficou desconcertado: basta ser sensível para se tornar uma verdadeira princesa? A resposta é obviamente sim, e por diversos motivos. Uma verdadeira princesa carrega uma verdadeira nobreza. O que significa essa palavra?

Em primeiro lugar, a verdadeira nobreza é a capacidade de estar no mundo, de sentir o mundo, em vez de permanecer fechado em si mesmo como numa torre de marfim. Essa capacidade é ampliada nos hipersensíveis. A verdadeira nobreza é também a capacidade de ser você mesmo, e não a representação permanente de você mesmo. Uma princesa falsa, vaidosa, teria se secado e se preparado antes de bater à porta do castelo, certamente acompanhada de sua escolta. A verdadeira princesa não precisa usar uma máscara: mesmo suja e ensopada, ela continua sendo uma princesa.

Uma falsa princesa não teria sentido a ervilha debaixo dos mais de vinte colchões e dos mais de vinte cobertores, e mesmo que tivesse sentido, na manhã seguinte ela teria fingido estar bem, em vez de dizer a verdade. A verdadeira princesa não precisa ficar presa em seu papel. Ela sente a ervilha como sente o sofrimento do mundo que a ervilha simboliza, para o qual ela está aberta e sensível. Sua confissão de fraqueza se torna um sinal de sua nobreza. Temos de ouvir essa lição. A verdadeira princesa é singular, diferente de todas as outras jovens que o príncipe havia conhecido.

Ela não se orgulha disso, porque se assume como é, com sua hipersensibilidade.

Não se deixe enganar pela trama convencional desse maravilhoso conto, que termina com o casamento do príncipe e da princesa. Ele também fala da força e da coragem das pessoas hipersensíveis, que fogem das normas e não agem como todo mundo.

Admire essa princesa atípica, tão sensível, que não tem medo de enfrentar a tempestade quando todos os outros estão abrigados em casa, e que tem a coragem de bater à porta de um castelo desconhecido para pedir hospedagem! Ela é uma mulher livre e determinada. Ela não se deixa enganar pelas aparências: apresenta-se como é de verdade. Ela é forte: completa sozinha todas as etapas do herói até triunfar no teste final – o teste da ervilha. Ela é a força motriz da história, não o príncipe.

A hipersensibilidade que você tem é a sua alavanca.

PARA LEMBRAR

- A hipersensibilidade é a parte da nobreza inerente a cada ser humano. Ela é um tesouro a ser cultivado.
- Por vezes, a hipersensibilidade se apresenta como um estado bizarro, estranho e perturbador. Sejamos como o rei e a rainha, que olham para além das aparências, com uma atitude acolhedora. É assim que descobriremos o tesouro, a verdadeira princesa que está em nós.
- É importante aceitar nossa parte de vulnerabilidade, não ter vergonha do que experimentamos, do que sentimos. É assim que se abrem as portas dos castelos extraordinários.

EXERCÍCIO

As convenções sociais te ensinaram a calar a boca, a sufocar suas emoções. É hora de aprender a expressá-las mais uma vez.

Atreva-se a dizer que está irritado, que está comovido, que está tocado.

Mas diga isso como a princesa: com simplicidade e delicadeza, tudo lhe é permitido.

CAPÍTULO 30

PRESA

| Na vida real, os vampiros existem

O hipersensível é uma presa ideal para os predadores: tem um bom coração, é aberto, é sincero, confia, partilha suas emoções sem pestanejar, sem procurar se proteger. Claro que, graças às suas antenas superdesenvolvidas, ele detecta a distância os violentos, os maus, os agressivos. Mas há um tipo de predador que ele não identifica porque tem dificuldade em ver seu lado perverso: o vampiro.

Na vida real, o vampiro existe e é temível. Ele não é o indivíduo frio, regrado e duro com quem os contatos são desde o início formais e distantes, permanecendo geralmente dentro dos limites da cortesia. Este é certamente desestabilizante, mas ele não está à caça, está ocupado apenas com a própria aparência. O vampiro também não é o manipulador comum e egoísta que procura apenas se livrar de uma tarefa ou de um caso complicado e a quem o hipersensível, em seu desejo de sempre fazer melhor, não sabe dizer não.

O vampiro tem outra índole. Ele sabe cortejar ao longo do tempo, oferecer calor e intimidade, estabelecer confiança. Ele tece sua teia em volta da presa escolhida. Hiperempático, o hipersensível cai na armadilha: como ele é incapaz de abusar de outro ser, não imagina que alguém seja capaz de fazê-lo.

O vampiro é comumente chamado de "narcisista perverso". Mas essa definição é errônea, pois esse perverso não tem nada de Narciso: ele não se ama. Ao contrário, ele ignora a si mesmo e ao seu mundo interior de tal forma que é incapaz de se relacionar com seus próprios conflitos e recursos. Ele vive isolado de si mesmo e precisa se alimentar do outro: de suas emoções, de sua sinceridade, de sua capacidade de tocar seu coração, de ser transparente, de ser sincero. Ele o devora, se satisfaz com ele, vivendo assim por procuração o que lhe falta. Esse perverso é vampírico. Como Sartre descreve em *Entre quatro paredes*, ele "precisa do sofrimento dos outros para existir".

Tenho um amigo que foi presa de um vampiro: seu companheiro. O nó tinha começado a apertar, mas como esse homem, ao mesmo tempo, lhe dizia que ele era seu príncipe, meu amigo se culpava por estar receoso, cauteloso. Ele o afastou de seus amigos e conhecidos. Ele brincava de gato e rato, criando uma tensão no relacionamento deles, aproveitando-se do que meu amigo lhe oferecia para depois rejeitá-lo de forma inesperada, deixando-o em dúvida, fazendo-o se sentir culpado sem saber que erro havia cometido.

Meu amigo estava sob o jugo de seu companheiro, que o desvalorizava. Este havia compreendido a necessidade daquele de afeto, de reconhecimento e de verdade, e se aproveitava disso. Ele o usava, se satisfazia com a vida dele, mas foi deixando-o sem vitalidade, sem forças para se reconstruir. Ele alternava elogios e críticas, e meu amigo tinha medo de perdê-lo. O vampiro o encorajava a ser sincero, mas ele mesmo não era. Ele o traía com outro homem. Apesar de tudo, meu amigo continuava dependente desse companheiro, do seu olhar, dos seus sorrisos, dessa relação em que tudo era falso. Às vezes, ele se sentia sufocado. Essa relação lhe fazia ainda mais mal porque estava convencido de ser o único culpado. Ele não confiava mais em quem era.

Ele era apenas uma presa: seu vampiro precisava sempre de mais sangue, de mais vida para se saciar, e certamente se regozijava ao ver meu amigo sofrer. É assim que todos os vampiros se sentem bem, fortes. Não podendo correr o risco de se encontrar com o outro na dimensão do amor, da intimidade, que se baseia numa exposição impossível para eles, eles se regozijam na relação de controle, de dominação do outro.

Meu amigo tinha virado um trapo; ele se sentia arrastado para a loucura. Houve um tempo em que ele esteve ligado ao movimento da vida, na profusão da vida. O vampiro, isolado dessa vida, a tinha destruído. Ele se vingava através da vítima, que acordou tarde demais, quando estava quase morrendo. Finalmente meu amigo tomou a iniciativa de pedir a separação, mas, depois dela, mergulhou numa depressão profunda. Sinto que ele nunca se recuperou de verdade. O vampiro sugou todo o seu sangue.

O hipersensível deve tomar consciência da existência dos vampiros: é uma lição fundamental, eles são muito perigosos. Esta não é, obviamente, uma razão para viver em desconfiança – o hipersensível também é muitas vezes incapaz disso, a não ser à custa do sofrimento que lhe corta as asas. Contudo, o modo como os vampiros operam, seu sistema de caça, sua vontade de usar instrumentos lhe são muito estranhos; além disso, a necessidade e o desejo de ajudar do hipersensível são tão fortes que ele tem que redobrar a vigilância.

Compreender o fenômeno nos liberta dele. Quando você vê um vínculo de dependência se formando ao seu redor, quando você começa a se sentir culpado, em falta porque a relação está hesitante, isso significa que a relação não existe.

Não há relação possível com um vampiro. E só há uma solução para você: ir embora. O vampiro é covarde: diante da força, ele não tenta resistir.

PARA LEMBRAR

- As pessoas hipersensíveis se tornam mais facilmente presas dos vampiros porque têm qualidades: são empáticas, ouvem, querem ajudar. O vampiro usa essas qualidades para criar uma relação de dependência.
- O vampiro se alimenta do sangue de sua presa. Ele lhe tira todo o impulso vital e o destrói.
- Os vampiros têm técnicas de caça e são fáceis de identificar.
- Se numa relação sinto dor de estômago, fico tenso, não consigo mais dormir, vou embora.

EXERCÍCIO

Se você ficar preso na armadilha de um vampiro, precisará de ajuda para se livrar dele, de um terceiro que trará um olhar objetivo a esse processo em que você não consegue enxergar nada: você não sabe mais quem é o culpado, está em uma confusão que o separa da vida.

Seja a um terapeuta, seja a um amigo, exponha os fatos e ouça o que ele tem a dizer.

CAPÍTULO 31
NARCISO

> Você realmente encontrou sua hipersensibilidade?

Dediquei anos de pesquisa e vários livros[5] a Narciso, o maior mito de nosso tempo. Ele é também o mito mais desconhecido e maltratado.

Narciso se tornou o nome de um erro: aquele que consiste em ser muito egocêntrico. Isso é, obviamente, um diagnóstico errado. Disseram-nos que os narcisistas seriam uma legião. Errado! Se sofremos hoje, é primeiro porque, nesse período de dominação das normas, não somos suficientemente narcisistas e vivemos, ao contrário, numa ignorância muito profunda sobre nós mesmos. Se peço o regresso de Narciso, é porque ele é o antídoto dessa violência social que nos destrói.

O que nos diz esse mito?

Narciso é filho de uma ninfa. Ele cresce sem nunca ter visto a si mesmo – vive em profunda ignorância sobre sua natureza. Ele é muito bonito, diz a lenda, mas não sabe disso. Na mitologia, a beleza não é apenas a do corpo, mas também a da alma, a do ser. Pode-se deduzir que Narciso

---

5 *Sauvez votre peau, devenez narcissique*, Flammarion, 2018.
Narcisse n'est pas égoïste, Flammarion, 2019.

é "uma bela pessoa". Ele não faz ideia disso. Muitos de nós estamos nessa situação: dizem-nos que somos bonitas ou bonitos, o que é objetivamente verdadeiro, mas não sabemos, não acreditamos, recusamos o que consideramos ser um falso elogio. De fato, só você pode apreender sua própria beleza em um encontro íntimo, profundo e sincero com você mesmo.

Todos aqueles, homens e mulheres, que cruzam o caminho de Narciso se apaixonam por ele, mas Narciso não corresponde ao seu amor. Desesperado, Ameinias se mata com uma espada. A ninfa Eco definhou até restar somente sua voz. Esse é também o drama do hipersensível que não se aceitou: ao se ignorar, ao ignorar seu modo de funcionamento, ele tem dificuldade para entrar em uma relação sincera e profunda com os outros.

Um dia, depois de voltar da caça, Narciso por acaso se inclina sobre uma fonte e vê pela primeira vez seu reflexo na água. Ele se descobre: é o choque do encontro. Um jornalista que estava me entrevistando na rádio sobre o mito de Narciso me falou, ao vivo, sobre seu ceticismo: há por toda parte, ele me disse, nascentes e fontes de água, então é absurdo que Narciso tenha passado toda a sua infância e adolescência sem se ver. Fiquei surpreso com seu espanto: conheço tantas pessoas que nunca se viram! Tenho uma amiga que está passando por um grande sofrimento, mas ela não sabe; ela funciona em modo robô, como uma máquina. Tenho um colega excessivamente rígido, frágil e desdenhoso, mas ele não o sabe; nunca se viu. Ele se acha genial e pensa que seus colegas são incompetentes. E eu poderia dar muitos outros exemplos...

Narciso se apaixona pelo ser que vê no reflexo da água. Mas ele ainda não se encontrou. Ele vê a beleza sem saber que é a beleza dele. Argumenta-se hoje, um pouco precipitadamente, que Narciso se apaixonou por si mesmo; na verdade, ele não se reconheceu e está perplexo. Esse é o primeiro passo no caminho da autodescoberta: você vê algo, mas não sabe que é você. Isso pode ser perigoso se não formos mais longe.

Narciso se apaixona por essa beleza que ele viu sem suspeitar que é a sua, ele gostaria de agarrá-la, tornando-se um com ela. É um erro fatal que você arrisca cometer se o encontro com você mesmo se transformar num desejo de autocontrole. Mas o jovem consegue ultrapassar essa etapa. Ele se reconhece, alcança uma forma de júbilo maravilhosamente encenada no mito: ele de imediato se metamorfoseia em uma flor de narciso, a primeira flor da primavera, símbolo da renovação, símbolo da vida. Quem teve a oportunidade de ver um campo de narcisos só pode ter sido tomado por esse esplendor do florescimento da vida que certamente subjugou os antigos. Se ser narcisista fosse um erro, os gregos certamente não teriam chamado Narciso dessa maneira. Teriam escolhido outro nome para ele, mais sombrio, mais assustador. Mas eles optaram pelo nome do renascimento.

Ao se conhecer, Narciso renasce. Agora, livre de si mesmo, abre-se aos outros e ao mundo. A autoaceitação é um relâmpago que o atinge em cheio. A reviravolta é imediata. Até que você se aceite, você é infeliz, se ressente, se esconde atrás de um falso *self*, longe de si mesmo, em uma profunda ignorância de si mesmo, em uma profunda estranheza consigo mesmo, porque não entende o que acontece com você e a razão para não se encaixar nos padrões comuns que vê ao seu redor, em sua família, na escola, na vida. O que te apresentam sobre a vida em sociedade, sobre a vida nos relacionamentos não corresponde ao que você vive ou sente. Isso não se parece com você. Você sente o que os outros não sentem, fica incomodado com o que não os toca, se ressente e se rejeita. Você vê ameaças à sua volta, mas a única ameaça real é sua profunda ignorância sobre si mesmo.

Disseram-nos que, se nos encontrarmos, se explorarmos quem somos, ficaremos trancados no labirinto do ego. A realidade é que estarei perdido nesse labirinto se não souber quem sou, onde estou. Desde que não seja narcisista.

Depois da reviravolta, assim que me atrevi a olhar debaixo de minha concha e me encontrar, localizei a saída desse labirinto. Descobri que tenho força. Muita força. A partir daí, posso dar o próximo passo e assumir quem sou. Quando você é quem você é, quando assume sua hipersensibilidade, sua singularidade, você está livre. À sua volta, tudo se torna mais simples, mais leve. Você sente, enfim, paz.

PARA LEMBRAR

- Conhecer-se, reconhecer-se, apreciar-se não é uma falha: o encontro consigo mesmo é a condição para o florescimento da vida.
- A partir do momento em que consigo ver a beleza em mim, a beleza de minha hipersensibilidade, posso finalmente encontrar o outro.
- Ao explorar quem você é, você se liberta do labirinto do ego.
- Narciso é o nome do renascimento, não o do egoísmo.

EXERCÍCIO

"Que eu esteja em paz,
Que eu seja feliz,
Que eu conheça a felicidade."

Permita-se dizer essas três frases. Todos os dias, caminhando para o trabalho, no transporte, onde quer que você esteja, repita-as.

No início, isso parecerá impossível, grosseiro, desajeitado, egoísta.

Aceite esses pensamentos; em vez de permanecer prisioneiro deles, você os reconhecerá como meros julgamentos provenientes de sua educação, de sua condição social, mas que não têm nenhuma razão para se impor a você.

Permita-se repetir essas três frases e experimentar todas as emoções que as acompanham.

Com o tempo, você lentamente desenvolverá uma sensação de paz real e aprenderá a se reconhecer.

Você mudará o poder daqueles pensamentos que, há anos, têm fagocitado sua vida.

CAPÍTULO 32
SUBLIME

> Exaltado, transportado: no coração da experiência da hipersensibilidade

A relação dos hipersensíveis com a beleza é muito peculiar, desconcertante para eles e para aqueles com quem convivem. É como se já não estivessem apenas no excessivo, mas no infinito.

A beleza de que estou falando não é esse simulacro banal e padronizado, que é a regra atualmente. Ela é o sublime, que tem a capacidade de perturbar, de elevar, de entusiasmar.

"Sublime" é uma palavra hoje tão usada que perdeu todo o seu significado. É uma pena, porque o Ocidente levou séculos para forjá-la no que ela descreve: a experiência hipersensível. Do latim *sublimis*, que significa alto, elevado, essa palavra tem uma bela história que vale a pena contar.

Em torno do 1º século de nossa era, no tempo de Tibério, um autor anônimo dedica-lhe uma obra: o *Tratado do sublime*. Escrito em grego, na forma de correspondência, esse tratado descreve uma experiência profana tão forte, tão transcendente que desperta uma agitação dentro das esferas dominantes. Nos séculos que se seguiram, provavelmente sob a pressão combinada da religião e da política, o tratado foi ocultado.

Mas ele não desapareceu completamente. Algumas cópias sobreviveram em bibliotecas, bem longe dos olhares. No ano de 1670, ele reapareceu. Mas não está completo: sua última parte, que parece ter sido dedicada à liberdade de expressão, desapareceu definitivamente. Boileau, um homem das letras, poeta e polemista, foi o autor de seu renascimento: ele o traduziu do grego, preparou as notas e o prefácio e o publicou. Seu sucesso foi enorme.

O *Tratado do sublime* aborda todos os tipos de experiências à primeira vista contrastantes, mas que têm como critério comum a elevação do pensamento e dos sentimentos. Ele é "o relâmpago", uma "força devastadora destinada ao arrebatamento ou ao êxtase". Não é uma paixão, mas "uma competição de paixões", um "quadro geral", uma apoteose. Boileau, em suas notas, toma o exemplo do discurso no qual, diz ele, o sublime não está nos efeitos de estilo, mas "no extraordinário e maravilhoso que toca e faz uma obra se elevar, deleitar, transportar".

A partir de então, a noção de sublime incendiará a história do pensamento ocidental. Um século depois de Boileau, Kant aborda esse assunto e se pergunta: onde está a fronteira entre o belo e o sublime? Ele dedicará a essa questão magníficas páginas de sua *Crítica da faculdade de julgar*. O belo, diz ele, é o que é harmonioso, ordenado, que proporciona um prazer estético. O sublime é algo completamente diferente. Não é apenas um grau acima do belo, mas é o desmedido, a grandeza que desestabiliza e abala. Ele "excede qualquer medida dos sentidos" e, em comparação, "todo o resto é pequeno". Ao descrever o sublime, Kant narra de fato a experiência da hipersensibilidade com sua intensidade, seu excesso, seus paradoxos, nos quais o confuso e o prazeroso se combinam, o medo e a mais profunda alegria, sua conexão com esse algo muito elevado que seria chamado, na linguagem de hoje, de "espiritual". Na experiência do sublime, você concorda com o que está além de você.

O sublime é a manifestação do infinito. É o turvo diante de uma tempestade furiosa em um mar raivoso, a elevação em frente aos picos nevados que se perdem entre as nuvens, a emoção no silêncio de uma floresta onde os carvalhos se erguem, à noite, acima das sombras solitárias. É o encantamento diante de um céu estrelado que admiramos tal como ele é, entregando-se ao espetáculo sem deixar a razão ou as perguntas intervirem. Ele é a lua vermelha que, na minha infância, me comovia. Com os olhos fixos nela, eu tinha a impressão de perder a cabeça enquanto ela me subjugava.

O sublime é uma experiência irredutível, fundamental e indispensável, que não se apreende com a inteligência, mas com os sentidos, com o coração, com as emoções. "O belo", escreve Kant, "é como uma graça, enquanto o sublime exerce uma forma de restrição que toma conta de nós, a despeito de nós mesmos". Nós vamos ao encontro do belo; mas o sublime nos conquista sem qualquer aviso.

Todo ser humano, ele insiste, está aberto a essa experiência intensa, quase exagerada. Uma experiência na qual aceito ser chamado pelo grandioso, pelo universal, que desperta em mim um sentimento de respeito, uma experiência na qual todo o resto parece sem importância.

O sublime é essa capacidade de estar em exaltação que as pessoas hipersensíveis vivem intensamente. Kant, que os chama de "melancólicos", reconhece que eles estão mais aptos do que outros para viver a relação com o sublime. Provavelmente, ele é proporcional à sua capacidade de se deixar levar para fora da estrutura, da norma, da ordem. De sair dos automatismos que dificultam imaginar, criar, se exaltar, estar no movimento da vida que vai além do mundo habitual. A cada vibração, nossa humanidade se manifesta, nós saímos do ordinário para entrar num registro diferente, onde a mesquinhez se apaga e onde permanece apenas um extraordinário "sim" à vida.

O movimento romântico nascera dessa abertura a uma nova sensibilidade, a uma nova forma de estar no mundo. Reconectando-se com a condição natural, outrora rejeitada, do ser humano, ele valorizará as experiências de intimidade com a natureza, a grandeza das emoções, dos sentimentos. Ele lembrará que o confinamento na compreensão lógica, por si só, priva-nos de uma experiência existencial fundamental. Ele permite novamente os transbordamentos, o arrebatamento, a imensa felicidade do autoesquecimento.

Seus olhos merecem ficar abertos à poesia do mundo. O sublime é certamente cósmico, mas é tão extraordinariamente banal quanto nadar nas ondas ou se deitar na grama numa tarde, sob o sol primaveril. Permita-se.

PARA LEMBRAR

- O sublime não é o belo; é uma experiência do infinito.
- Kant revela aos hipersensíveis que, ao ir até o fim de certas experiências paradoxais e perturbadoras, eles são transportados.
- Entregue-se ao sublime. Você é raptado, transportado, esquece de si mesmo.
- Todo ser humano está aberto a essa experiência intensa, quase exagerada. As pessoas hipersensíveis estão ainda mais do que as outras.

EXERCÍCIO

Lembre-se das experiências do sublime que vivenciou, nas quais você se sentiu completamente entusiasmado. Momentos grandiosos, cósmicos, mesmo que fossem objetivamente simples: uma caminhada na beira da praia, uma imersão na natureza.

Você pode não ter prestado atenção neles, mas você percebe, em retrospectiva, que eles pertencem a outra dimensão de sua vida.

Para mim, é o fato de assistir a um concerto. Ao entrar na sala, deixo todos os meus problemas do lado de fora para acessar outro mundo, mágico.

Esse sublime não é da ordem do bem-estar, mas me dá um novo fôlego para as semanas seguintes.

Ele me lembra que minha vida é plena e rica. Desde que entendi isso, permito-me mais facilmente assistir a vários concertos no ano.

Eu legitimo essas experiências hipersensíveis do sublime.

CAPÍTULO 33
NATUREZA

> Libertar-se da relação com o tempo e
> sintonizar-se com a vibração do mundo

Conheço obras-primas na pintura, conheço monumentos fascinantes, também conheço árvores notáveis.

Em um extremo da linha do trem RER, no arboreto de Vallée-aux-Loups,[6] descobri uma árvore mágica, um cedro-azul-chorão gigante que espalha seus ramos sobre uma incrível superfície de 700 m². Vou regularmente cumprimentá-lo. Ele não é muito velho, tem apenas 150 anos, o que não é muito na vida de um cedro, mas na minha escala, quando estou diante dele, passo pelo teste do tempo, adentro outro tempo, desisto do meu tempo e, com ele, dos meus problemas e das minhas preocupações. Passo por baixo de seus ramos, paro para admirá-lo. Sou tranquilizado por seu tempo vasto e profundo, amplo e sereno, que me protege. Sinto-me protegido, abandono a dissonância que é minha vida diária e entro novamente em harmonia. Minha visita às vezes dura uma hora, às vezes mais. Despeço-me quando me sinto bem. Essa árvore tem o poder de curar todas as minhas feridas.

---
6 Parque localizado em Châtenay-Malabry, comuna da região parisiense.

Às vezes, vou um pouco mais adiante. Até o mar. Ele sempre foi para mim o lugar de uma experiência muito singular: diante dele, minha mente para. Eu o observo por horas, dissolvo-me em seu movimento, sintonizo-me com a vibração do mundo. Minhas preocupações voam para longe, estou autorizado a me absorver em cada uma de suas variações, em cada uma de suas ondas, em cada nuvem que se reflete em sua superfície. Compreendo que tenho o direito de ser uma nuvem e, à medida que as horas passam, sinto-me como se me tornasse tão leve como a nuvem. O mar que observo se torna mais importante do que tudo no mundo. Saio de minha pequena torre de obrigações e o espaço se abre, infinito, à minha volta. Eu me dissolvo no espaço, me perco no espaço, me revitalizo. Eu me curo. Meus problemas parecem menos pregnantes, menos pesados. Ao me reconectar com a vida, encontro em mim uma confiança, uma força muito simples, muito comum, mas muito poderosa.

Quando está em floração, a pequena cerejeira que se instalou nos fundos do prédio onde moro tem esse mesmo estranho poder curativo. Na verdade, ela tem esse poder durante todo o ano, uma vez que já me deixa em júbilo a mera perspectiva do momento mágico de seu florescimento, daquela manhã em que acordo para encontrá-la totalmente adornada de rosa. Essa cerejeira é banal? Na presença dela, lembro-me de que o tempo não é rotina. A potência de desenvolvimento da vida nela me coloca novamente diante da potência de desenvolvimento da vida em mim, em nós. Estou vivo outra vez, presente, aqui, agora. Estou radiante. Estou novamente em sincronia com o que existe. Permito-me jubilar até eu mesmo me transformar no desabrochar de suas flores.

No decorrer desta investigação, encontrei um antigo estudo científico a que poucos deram atenção quando foi publicado. Ele foi realizado por um arquiteto norte-americano, Roger Ulrich. Para projetar estabelecimentos de saúde bem-adaptados, ele ingressou em um curso de psicologia ambiental e, em seguida, fundou um centro de pesquisa interdisciplinar único em sua área, combinando duas disciplinas: arquitetura e medicina. Mais tarde, ele mudou de profissão, abandonando seu escritório de arquitetura para se tornar consultor em ambientes de saúde.

Esse primeiro estudo, objeto de uma longa investigação, foi publicado em 1984 pela exigente revista *Science*. Ele falava sobre pacientes que tinham sido submetidos a uma remoção da vesícula biliar, muito dolorosa na fase pós-operatória. No hospital, alguns desses pacientes ocupavam um leito com vista para um muro de concreto; outros desfrutaram de uma vista para as árvores. Descobriu-se que os primeiros, que só viam concreto, ficavam um dia a mais no hospital, consumiam mais analgésicos, sofriam mais complicações e, de acordo com a equipe de enfermagem, recuperavam mais lentamente o sorriso, o moral e o bom humor.

Outros estudos foram realizados anos mais tarde, quando esse assunto, restrito a pequenos círculos, começou a interpelar um público mais amplo. Um dos mais surpreendentes foi realizado em 2008 por Park e Matson, dois pesquisadores do departamento de horticultura da Universidade do Kansas. Seus sujeitos de pesquisa, pacientes com apendicectomia, foram divididos em dois grupos: um deles tinha uma planta ou flor em seu quarto, e o outro não. Estranhamente, os pacientes que tinham direito a uma planta solicitavam muito menos analgésicos do que os outros, e seus níveis de estresse e ansiedade eram significativamente mais baixos.

Outro estudo comparativo, realizado com presidiários, revelou que aqueles que se beneficiam de celas com vista para um jardim ou árvore visitam a enfermaria com uma frequência bem menor. Poderíamos multiplicar os exemplos – estudos desse tipo, hoje, são relativamente numerosos.

Esses dados perturbaram a concepção da natureza que prevaleceu durante séculos em nossas sociedades. Nós a concebíamos como algo externo a nós. Tínhamos prazer em admirá-la como se fosse um belo espetáculo. Esquecemo-nos de que também somos seres naturais, que fazemos parte da natureza, que não estamos apenas diante dela, diferentes dela. Isso, só os hipersensíveis conhecem e vivem.

Se a cerejeira florida de meu edifício tem o poder de me curar, é porque, na realidade, não apenas a contemplo, mas também a sinto.

Olhando para ela, descubro que a vida que cresce nela também cresce em mim. Ela me carrega, me apoia, me alimenta, me impulsiona a entrar, como ela, na vida. Isso é o que Merleau-Ponty chamou de "presença operante" da natureza.

Isso é verdade para todos, e é ainda mais para os hipersensíveis, que vivem em intensidade, em desordem, em discordância. Eles precisam profundamente se encontrar em um ambiente sensível e vivo, que os acalme pela fecunda simplicidade. Nada lhes é pedido, a não ser viver uma cumplicidade harmoniosa.

Quando você se sentir submerso, quando suas antenas enlouquecerem, saia, olhe para uma árvore, para uma flor, esqueça-se por um momento, torne-se uma árvore, uma flor. Permita-se, como elas, desabrochar, ocupar seu espaço. Com elas, reconecte-se com o movimento da vida que existe, sempre em transformação. Nada é imutável.

PARA LEMBRAR

- O hipersensível tem uma necessidade visceral de natureza. É importante respeitar essa necessidade.
- Nós somos, acima de tudo, seres vivos, e é essencial sabermos permanecer em contato com a vida.
- O poder terapêutico da natureza, mesmo que seja um vaso de planta ou um buquê de flores, é corroborado por uma série de estudos científicos.

EXERCÍCIO

A natureza não é, necessariamente, a grande floresta.

Ela pode ser o pequeno parque próximo de sua casa.

Crie o hábito de ir até lá para dar uma volta de vez em quando, em completa hipersensibilidade, ou seja, deixando sua hipersensibilidade livre para florescer, sem filtrá-la, sem contê-la, sem tentar entender por que essa lagarta ou essa flor tem o poder de cativar você.

Deixe vir tudo o que vier: nenhuma caminhada se parecerá com a outra.

Deparei-me, durante uma caminhada, com um estranho inseto verde que nunca tinha visto antes.

O meu olhar o perturbou? Eu observava sua carapaça, que na verdade eram asas. Ele as abriu, voou até o alto, onde não consegui mais vê-lo.

Esse pequeno milagre me encantou.

CAPÍTULO 34
DARWIN
| Por que a evolução seleciona os hipersensíveis

Para que servem os hipersensíveis? Essa é a estranha questão à qual W. Thomas Boyce, pediatra e pedopsiquiatra norte-americano, dedicou a maior parte de suas pesquisas sobre a participação da herança genética na hipersensibilidade. Em um congresso, ele conheceu outro entusiasta desse curioso assunto, Bruce Ellis, psicólogo também norte-americano, autor de vários artigos publicados em revistas científicas renomadas. Os dois homens se uniram com um objetivo: explicar por que os hipersensíveis foram protegidos pela evolução por centenas de milênios.

Porque a hipersensibilidade não é uma questão apenas para os seres humanos. Boyce já havia trabalhado com o primatologista Steve Suomi em estudos sobre populações de macacos. Eles realizaram uma série de testes muito elaborados, incluindo a medição da temperatura dos macacos pelas orelhas: os sujeitos mais tímidos e os mais reativos ao estresse têm a temperatura da orelha direita mais alta do que a da orelha esquerda, testemunhando um funcionamento diferente dos dois lóbulos do cérebro. Os vários testes mostraram que, entre os macacos, como entre nós, de 15% a

20% dos jovens têm um perfil "altamente reativo" a situações novas ou estressantes.

Esse perfil não seria apenas fruto de uma história pessoal, mas, antes de tudo, de uma sensibilidade neurológica, portanto, orgânica. Ele está inscrito, diz Boyce,[7] em nosso fenótipo, que é a expressão de nossos genes, de nosso DNA. Essa estranheza é o resultado de mutações que ocorreram durante o processo de evolução, espalhado por centenas de milênios.

Se essas mutações foram favorecidas pela evolução, certamente têm a sua utilidade, caso contrário, teriam desaparecido. Elas têm, inclusive, uma dupla utilidade, afirma Boyce: aumentam as chances de sobrevivência dos indivíduos e, portanto, da espécie, não só nos ambientes pacíficos, que o hipersensível privilegia, mas também em situações estressantes.

Essa afirmação é bem compreendida quando se está familiarizado com o modo de funcionamento das pessoas hipersensíveis.

Em situações estressantes, desde os tempos pré-históricos, os hipersensíveis atuam como vigilantes: suas antenas ligadas lhes permitem perceber os perigos antes dos outros e, assim, advertir o grupo. Um vestígio no chão, ramos dispersos de maneira inabitual, e eles sabem que um predador ou uma presa está por perto, que uma tempestade está prestes a desabar, que uma caverna não é suficientemente segura, ou que uma rocha está ameaçando cair.

Eles são também necessários para o grupo em tempos de calmaria. Sua abertura e receptividade sempre lhes permitiu distinguir as plantas comestíveis e as que curam, avaliar a

---

7 W. Thomas Boyce, *L'Orchidée et le Pissenlit*, trad. A. Souillac, Michel Lafon, 2020.

qualidade sanitária de um ambiente, explorar os desafios da novidade, pôr em prática as primeiras iniciativas de agricultura e de pecuária, inventar instrumentos, em suma, promover o crescimento e, portanto, a boa saúde do grupo.

A "estranha persistência de reatividade que, agora sabemos, é ligada a doenças e transtornos mentais em populações humanas seria, portanto, decorrente de suas virtudes protetoras em face da adversidade", afirma Boyce, insistindo na importância da taxa de 15% a 20% de hipersensíveis em uma dada sociedade, de modo que ela possa funcionar normalmente. As pessoas hipersensíveis são de alguma forma mais vulneráveis do que as outras, mas, acima de tudo, são incrivelmente mais competentes.

Os trabalhos de W. Thomas Boyce o levaram a outra observação: tanto nos macacos como nos humanos, alguns sujeitos hipersensíveis ficam doentes com muito mais frequência do que outros; outros, por sua vez, estão com a saúde muito melhor, tanto a física como a psíquica.

Além da base genética que determina a hipersensibilidade, ele destacou outro fator que explica a evolução dos hipersensíveis: o contexto em que crescem e vivem. O hipersensível, reconhecido em sua hipersensibilidade, desfrutando de condições agradáveis, tranquilas, é mais sólido do que a maioria da população. É como se sua hipersensibilidade, alimentada por um contexto tranquilo, lhe desse formas adicionais para se desenvolver.

Em retrospectiva, essa observação me ajudou a entender minha própria história. Eu não tive uma infância fácil: meus pais eram de fato adoráveis, mas não tinham tempo ou conhecimento suficientes para acolher o hipersensível que eu era e que exigia mais atenção. De boa-fé, eles tentavam lutar contra minha hipersensibilidade, sonhavam que eu me tornasse uma criança como qualquer outra, e foi aterrorizante. Eu estava sempre doente, irritado, angustiado.

Apesar das memórias que guardo e que são, para alguns, bastante traumáticas, consegui mais tarde habitar minha hipersensibilidade, criando as condições de segurança e confiança que a transformaram em um trunfo. Eu entendo hoje por que, mesmo quando era um jovem adulto e sem muitos meios, eu precisava ter minha biblioteca em casa. Ela ocupava muito espaço num lugar pequeno, mas a presença dos livros que amo e que me nutrem confortava-me para além do imaginável. Eu tinha consciência disso de forma intuitiva. Eu não sabia que a segurança afetiva que essa biblioteca me dava era a condição para minha boa saúde e minha abertura ideal para o mundo.

A boa notícia é que não carregamos o peso da infância por toda a vida: o hipersensível nunca é condenado, ele tem sempre o direito a um novo começo, e é sem dúvida por isso que ele foi selecionado pelo processo de evolução entre tantos portadores de outras particularidades que certamente existiram, mas desapareceram.

A qualquer momento de sua vida, você pode "corrigir a rota", definindo e, em seguida, construindo seu espaço seguro, um ambiente socioemocional que transforma sua hipersensibilidade em força. Podem ser alguns amigos com quem você se sente bem, o trabalho em que você prospera, os filhos com quem você desenvolveu uma relação verdadeira e profunda. Ou um quarto em sua casa onde você se sente bem, rodeado de objetos que você ama, que falam com você, te acalmam. Construir esse contexto é um trabalho de longo prazo, mas vale a pena.

PARA LEMBRAR

- Não se critique por ser hipersensível: essa qualidade está inscrita em seus genes.
- É uma qualidade tão preciosa que tem sido protegida, por centenas de milênios, pelo processo de evolução.
- Uma proporção de 15% a 20% de hipersensíveis é essencial para que qualquer sociedade possa funcionar e se desenvolver.
- Você tem o poder de transformar sua hipersensibilidade numa força colossal, criando um espaço de segurança no qual você pode se recarregar e florescer.

EXERCÍCIO

Cada um de nós tem um contexto de segurança, um lugar, uma situação em que nos sentimos emocionalmente protegidos e com os quais contamos para florescer e nos abrir para o mundo. Mas não é simples defini-los desde o início.

Leve o tempo que for preciso para listar lugares, situações que o protegem e, em seguida, prossiga por exclusão até encontrar o "seu" ponto de ancoragem.

Depois, caberá a você cultivar, preservar, fazer com que ele te dê o apoio necessário para que sua sensibilidade se torne uma força.

CONCLUSÃO
A FELICIDADE

No dia em que conheci Anne-Sophie Pic, ela voltava de seu jardim com um maço de ervas aromáticas nos braços. Ela estava radiante, pronta para combinar de forma diferente as tagetes e o estragão-mexicano, juntando-os ao cardamomo-verde. "Eu estou em uma busca, provavelmente excessiva, da perfeição do equilíbrio dos sabores", confidenciou-me essa hipersensível, antes de acrescentar: "É a própria essência da vida".

Naquele dia, a chefe três estrelas me deu uma aula sobre felicidade que pode ser resumida em uma palavra: precisão. Ela me disse com as próprias palavras: "A precisão é uma evidência para mim. É a base da cozinha: se for complicado e não for emocionante, é melhor deixar pra lá. Bom, nem sempre: as fulgurâncias da precisão não acontecem o tempo todo. Há altos e baixos...".

A arte de ser preciso é a arte da hipersensibilidade. É a arte da felicidade. Tentei pensar a respeito, mas isso não é resultado de um raciocínio ou de um trabalho intelectual. Isso não é medido de acordo com a intensidade ou quantidade, não é planejado, não é previsto. Isso se vive, se detecta pelo sentimento de plenitude, de completude que nos invade. É a arte do simplesmente verdadeiro que o hipersensível sente com todas as fibras de seu corpo, com todos os pensamentos de sua mente.

É uma história de amor. É o sorriso de minha avó quando ela tirava do forno sua torta de queijo, tão simples, mas tão saborosa. É o desenho que uma criança faz para o Dia das Mães ou dos Pais. É o ator que encontra seu tom, sua frase, no momento certo. É o sorriso do horticultor diante de seus primeiros tomates. É uma emoção jubilosa que queremos partilhar, transmitir de imediato. É esse sentimento de realização através do qual sabemos que nossa humanidade, realizada, se desdobra.

A felicidade é identificada como um estado de bem-estar contínuo, uma estrada suave, sem solavancos ou buracos, uma réplica de satisfação. A vida de um hipersensível, felizmente, não corresponde a essa ideia limitada.

Ela é a vida real. É uma aspiração contínua a um uau!, ao sublime, ao verdadeiro, ao preciso. Ela não se contenta com pouco. Ela exige que você arregace as mangas para entrar em contato com a realidade, pede-lhe que se envolva com aquilo que ama.

Você viverá momentos de frustração, que fazem parte da vida, são bênçãos: graças a eles, você vai sempre mais longe em sua busca, que não se satisfaz com o ordinário. Você avançará por um caminho que é, ele próprio, sua felicidade.

Porque essa é a chave que cada pessoa hipersensível descobre: a felicidade é se envolver com sua vida. Estamos todos apaixonados por alguma coisa. E você, está apaixonado pelo quê? Encontre seu sentido, encontre seu caminho, alimente-se do que é verdadeiro para você. Receba esse dom, é ele que lhe dá acesso à primeira alegria, à verdadeira felicidade.

AGRADECIMENTOS

A **Djénane Kareh Tager**, que mantém a chama acesa, não importa quais sejam os ventos contrários.

A **Alexis Lavis**, sempre pronto para a grande e sublime aventura.

A **Hadrien France Lanord**, que está sempre, no mais essencial, ao meu lado.

Este livro foi alimentado por encontros profundos, e eu gostaria de agradecer aqui a:

Michel Le Van Quyen, pela calorosa partilha de suas pesquisas em ciência cognitiva.

Francis Taulelle, que, com tanta honestidade, me iluminou sobre os caminhos pouco conhecidos do espírito humano.

Philippe Aim, por nossas discussões sobre o Talmude, e a quem devo muitos esclarecimentos sobre a história de Jacó apresentada neste livro.

Catherine Vasey, que gentilmente compartilhou comigo sua profunda experiência a respeito das novas formas de sofrimento no trabalho.

Eric Safras, que, após um vídeo postado no meu canal do YouTube, me escreveu para compartilhar sua experiência sobre o significado dos super-heróis.

Agradeço a todos aqueles que me escrevem, especialmente nas redes sociais, e compartilham comigo suas experiências de vida e suas perguntas – foram eles que me levaram a escrever este livro.

Agradeço a **Jeanne Siaud-Facchin, W. Thomas Boyce, Christel Petitcollin, Evelyn Grossman**, cujos trabalhos me permitiram começar a questionar o que é hipersensibilidade.

Este livro só foi publicado graças a:

Susanna Lea, que defende com prazer meus livros e cuida deles com muito amor.

Guillaume Robert, que me acompanha com enorme precisão, compreensão e um entusiasmo revigorante.

Anne Blondat, que sabe falar de meus livros com uma real sinceridade.

Josephine Batale, Lamine Diaby e **Halyna Vasilyev**, os anjos da guarda, sempre tão sorridentes e benfeitores, de minha Torre fabulosa.

LEIA TAMBÉM

FABRICE MIDAL

A ARTE FRANCESA DE MANDAR TUDO À MERDA

Chega de bobagens e viva a sua vida

academia

**Acreditamos
nos livros**

Este livro foi composto em Odile e
Expressway e impresso pela Geográfica para
a Editora Planeta do Brasil em maio de 2022.